Numbers Unleashed

A Math Activity Book for Adults

Part Of The MindMasters Learning Series
By VWGBooks

Table of Contents

3-Digit Exercises

Multiplication Exercise ---------- 1-50

Division Exercise ---------- 51-100

Answers ---------- 101-127

VWG BOOKS
Independent Publisher

Copyright 2024 by VWG Books

All Rights Reserved
No portion of this book may be reproduced in any form without written permission from the publisher or author, except as permitted by U.S. copyright law.

Numbers Unleashed

Part Of The MindMasters Learning Series

By VWGBooks

A Math Activity Book for Adults

Start Here

VWG BOOKS
Independent Publisher

ISBN: 9798875571183

Copyright © 2024 VWGBooks
All rights reserved.

Multiplication Exercise
(3-Digit)

1. 124 × 57
2. 167 × 50
3. 739 × 13
4. 137 × 14
5. 171 × 51

6. 213 × 45
7. 276 × 24
8. 247 × 35
9. 339 × 29
10. 290 × 26

11. 201 × 34
12. 206 × 36
13. 218 × 17
14. 659 × 14
15. 534 × 17

16. 860 × 10
17. 171 × 51
18. 120 × 56
19. 554 × 10
20. 137 × 63

21. 206 × 10
22. 539 × 18
23. 194 × 19
24. 113 × 69
25. 189 × 46

26. 335 × 22
27. 118 × 59
28. 122 × 37
29. 407 × 16
30. 306 × 23

31. 690 × 11
32. 169 × 33
33. 226 × 23
34. 128 × 73
35. 191 × 13

Multiplication Exercise
(3-Digit)

1. 112 × 77
2. 197 × 18
3. 682 × 14
4. 413 × 12
5. 310 × 11

6. 437 × 21
7. 252 × 12
8. 345 × 15
9. 462 × 17
10. 498 × 15

11. 514 × 19
12. 506 × 18
13. 167 × 44
14. 134 × 18
15. 150 × 24

16. 206 × 15
17. 703 × 10
18. 204 × 26
19. 150 × 40
20. 155 × 11

21. 205 × 11
22. 221 × 38
23. 226 × 19
24. 368 × 27
25. 113 × 77

26. 525 × 12
27. 346 × 16
28. 260 × 29
29. 329 × 19
30. 212 × 42

31. 470 × 16
32. 234 × 13
33. 807 × 10
34. 303 × 23
35. 135 × 63

Multiplication Exercise
(3-Digit)

1. 195 × 27
2. 649 × 13
3. 217 × 35
4. 115 × 77
5. 253 × 17

6. 126 × 72
7. 196 × 38
8. 186 × 22
9. 138 × 20
10. 174 × 44

11. 370 × 17
12. 527 × 12
13. 324 × 20
14. 337 × 18
15. 166 × 35

16. 287 × 15
17. 118 × 83
18. 139 × 29
19. 223 × 33
20. 247 × 31

21. 370 × 21
22. 204 × 32
23. 139 × 24
24. 381 × 24
25. 115 × 56

26. 150 × 50
27. 387 × 18
28. 612 × 14
29. 426 × 22
30. 211 × 47

31. 147 × 53
32. 479 × 18
33. 643 × 14
34. 285 × 24
35. 575 × 14

Multiplication Exercise
(3-Digit)

1. 645 × 15
2. 864 × 10
3. 135 × 35
4. 510 × 19
5. 228 × 29

6. 406 × 23
7. 348 × 18
8. 201 × 29
9. 212 × 15
10. 586 × 11

11. 216 × 41
12. 698 × 13
13. 142 × 45
14. 280 × 32
15. 270 × 26

16. 356 × 26
17. 328 × 29
18. 180 × 30
19. 119 × 10
20. 254 × 36

21. 265 × 10
22. 134 × 41
23. 242 × 24
24. 263 × 35
25. 178 × 31

26. 152 × 60
27. 660 × 12
28. 142 × 70
29. 219 × 17
30. 124 × 39

31. 328 × 19
32. 333 × 16
33. 124 × 39
34. 145 × 61
35. 337 × 19

Multiplication Exercise
(3-Digit)

1. 714 × 11
2. 218 × 21
3. 114 × 66
4. 626 × 14
5. 356 × 14
6. 389 × 16
7. 120 × 31
8. 141 × 24
9. 714 × 11
10. 862 × 11
11. 123 × 79
12. 256 × 35
13. 243 × 17
14. 157 × 46
15. 111 × 26
16. 138 × 27
17. 286 × 34
18. 604 × 15
19. 332 × 29
20. 118 × 72
21. 177 × 48
22. 257 × 11
23. 354 × 22
24. 252 × 32
25. 192 × 34
26. 278 × 21
27. 263 × 22
28. 316 × 20
29. 143 × 41
30. 181 × 52
31. 178 × 39
32. 141 × 16
33. 225 × 28
34. 327 × 15
35. 772 × 10

Multiplication Exercise
(3-Digit)

6

1. 179 × 28
2. 140 × 55
3. 665 × 13
4. 127 × 20
5. 360 × 26
6. 247 × 10
7. 190 × 14
8. 426 × 18
9. 253 × 35
10. 194 × 48
11. 804 × 11
12. 151 × 63
13. 399 × 21
14. 324 × 19
15. 221 × 26
16. 126 × 76
17. 161 × 62
18. 636 × 11
19. 348 × 21
20. 274 × 15
21. 154 × 25
22. 168 × 53
23. 188 × 24
24. 133 × 18
25. 156 × 10
26. 376 × 19
27. 374 × 16
28. 555 × 12
29. 695 × 13
30. 138 × 57
31. 277 × 15
32. 169 × 29
33. 189 × 22
34. 191 × 37
35. 256 × 22

Multiplication Exercise
(3-Digit)

1. 165 × 30
2. 369 × 21
3. 258 × 16
4. 365 × 11
5. 287 × 18
6. 136 × 18
7. 279 × 24
8. 373 × 17
9. 541 × 10
10. 111 × 65
11. 826 × 12
12. 117 × 32
13. 160 × 27
14. 468 × 12
15. 132 × 52
16. 120 × 24
17. 638 × 15
18. 459 × 20
19. 191 × 19
20. 200 × 25
21. 169 × 26
22. 316 × 10
23. 450 × 13
24. 491 × 11
25. 226 × 10
26. 241 × 23
27. 139 × 58
28. 316 × 23
29. 423 × 16
30. 136 × 26
31. 136 × 70
32. 213 × 22
33. 181 × 45
34. 277 × 24
35. 461 × 19

Multiplication Exercise
(3-Digit)

1. 217 × 17
2. 389 × 20
3. 206 × 42
4. 337 × 27
5. 695 × 14

6. 210 × 17
7. 652 × 11
8. 175 × 44
9. 145 × 18
10. 434 × 15

11. 134 × 19
12. 229 × 26
13. 701 × 13
14. 270 × 32
15. 119 × 52

16. 227 × 23
17. 639 × 12
18. 171 × 16
19. 149 × 40
20. 694 × 11

21. 153 × 34
22. 351 × 13
23. 172 × 57
24. 249 × 16
25. 193 × 49

26. 152 × 52
27. 244 × 10
28. 584 × 16
29. 144 × 22
30. 906 × 11

31. 883 × 11
32. 274 × 11
33. 312 × 19
34. 295 × 31
35. 187 × 45

Multiplication Exercise
(3-Digit)

1. 154 × 16
2. 404 × 16
3. 361 × 18
4. 294 × 13
5. 888 × 11

6. 248 × 22
7. 292 × 20
8. 204 × 13
9. 326 × 18
10. 345 × 16

11. 209 × 34
12. 124 × 54
13. 128 × 71
14. 174 × 33
15. 603 × 10

16. 127 × 35
17. 156 × 49
18. 900 × 11
19. 430 × 18
20. 246 × 38

21. 116 × 63
22. 768 × 12
23. 471 × 12
24. 491 × 16
25. 163 × 60

26. 141 × 40
27. 111 × 19
28. 501 × 17
29. 381 × 21
30. 124 × 11

31. 135 × 55
32. 174 × 37
33. 189 × 35
34. 191 × 20
35. 178 × 24

Multiplication Exercise
(3-Digit)

1. 165 × 52
2. 117 × 22
3. 266 × 10
4. 362 × 21
5. 246 × 11

6. 127 × 23
7. 226 × 24
8. 115 × 60
9. 124 × 70
10. 139 × 10

11. 149 × 25
12. 257 × 27
13. 209 × 26
14. 137 × 14
15. 612 × 14

16. 406 × 10
17. 280 × 33
18. 222 × 45
19. 168 × 57
20. 120 × 22

21. 375 × 21
22. 181 × 53
23. 379 × 10
24. 156 × 12
25. 210 × 43

26. 229 × 36
27. 117 × 11
28. 254 × 24
29. 152 × 48
30. 169 × 56

31. 238 × 38
32. 133 × 49
33. 339 × 29
34. 271 × 17
35. 677 × 11

Multiplication Exercise
(3-Digit)

1. 583 × 10
2. 263 × 27
3. 118 × 81
4. 342 × 24
5. 494 × 13

6. 205 × 29
7. 426 × 17
8. 216 × 15
9. 354 × 12
10. 118 × 45

11. 208 × 10
12. 133 × 36
13. 129 × 56
14. 225 × 33
15. 259 × 28

16. 266 × 15
17. 118 × 23
18. 114 × 41
19. 353 × 12
20. 135 × 49

21. 320 × 12
22. 242 × 41
23. 181 × 37
24. 163 × 58
25. 362 × 21

26. 498 × 11
27. 212 × 45
28. 453 × 10
29. 251 × 28
30. 113 × 68

31. 142 × 49
32. 627 × 13
33. 326 × 30
34. 421 × 15
35. 149 × 55

Multiplication Exercise
(3-Digit)

1. 130 × 71
2. 633 × 10
3. 146 × 15
4. 173 × 19
5. 184 × 44
6. 166 × 10
7. 882 × 10
8. 214 × 37
9. 648 × 13
10. 146 × 66
11. 219 × 12
12. 288 × 24
13. 183 × 21
14. 141 × 25
15. 151 × 34
16. 770 × 12
17. 161 × 33
18. 118 × 64
19. 203 × 17
20. 289 × 18
21. 168 × 17
22. 289 × 25
23. 135 × 19
24. 536 × 18
25. 665 × 12
26. 140 × 68
27. 124 × 32
28. 228 × 39
29. 365 × 15
30. 170 × 27
31. 439 × 10
32. 431 × 21
33. 118 × 16
34. 149 × 50
35. 185 × 35

Multiplication Exercise
(3-Digit)

13

1. 185 × 25
2. 301 × 14
3. 249 × 14
4. 328 × 24
5. 116 × 42

6. 148 × 25
7. 319 × 25
8. 427 × 15
9. 163 × 27
10. 239 × 40

11. 193 × 42
12. 316 × 23
13. 173 × 50
14. 160 × 22
15. 565 × 14

16. 227 × 28
17. 310 × 15
18. 124 × 74
19. 265 × 32
20. 253 × 18

21. 272 × 15
22. 173 × 31
23. 480 × 16
24. 184 × 46
25. 384 × 17

26. 324 × 19
27. 118 × 55
28. 376 × 18
29. 179 × 33
30. 794 × 12

31. 253 × 31
32. 741 × 11
33. 123 × 37
34. 629 × 10
35. 407 × 12

Multiplication Exercise
(3-Digit)

14

1. 502 × 12

2. 158 × 55

3. 179 × 26

4. 118 × 44

5. 185 × 18

6. 156 × 52

7. 266 × 23

8. 114 × 11

9. 138 × 24

10. 139 × 55

11. 423 × 16

12. 189 × 15

13. 324 × 26

14. 169 × 14

15. 153 × 51

16. 385 × 16

17. 520 × 12

18. 127 × 36

19. 206 × 32

20. 242 × 12

21. 365 × 18

22. 213 × 11

23. 441 × 16

24. 633 × 12

25. 219 × 13

26. 396 × 10

27. 326 × 17

28. 507 × 17

29. 622 × 15

30. 214 × 43

31. 235 × 14

32. 164 × 39

33. 117 × 71

34. 385 × 18

35. 415 × 14

Multiplication Exercise
(3-Digit)

1. 402 × 10
2. 712 × 10
3. 141 × 26
4. 416 × 20
5. 314 × 30

6. 255 × 18
7. 262 × 10
8. 346 × 23
9. 301 × 31
10. 186 × 47

11. 157 × 52
12. 786 × 10
13. 772 × 11
14. 148 × 33
15. 475 × 15

16. 345 × 13
17. 251 × 30
18. 218 × 19
19. 304 × 22
20. 131 × 22

21. 205 × 14
22. 211 × 17
23. 260 × 38
24. 378 × 15
25. 142 × 46

26. 531 × 14
27. 152 × 35
28. 252 × 29
29. 240 × 22
30. 141 × 17

31. 121 × 74
32. 195 × 12
33. 135 × 36
34. 150 × 39
35. 140 × 22

Multiplication Exercise
(3-Digit)

1. 126 × 77
2. 294 × 28
3. 129 × 21
4. 164 × 17
5. 134 × 32

6. 126 × 58
7. 296 × 32
8. 133 × 11
9. 484 × 16
10. 782 × 10

11. 263 × 29
12. 238 × 37
13. 197 × 33
14. 437 × 19
15. 117 × 79

16. 129 × 23
17. 152 × 35
18. 393 × 23
19. 291 × 14
20. 382 × 16

21. 277 × 32
22. 300 × 26
23. 253 × 16
24. 310 × 13
25. 135 × 12

26. 202 × 15
27. 541 × 14
28. 127 × 64
29. 290 × 27
30. 188 × 15

31. 296 × 14
32. 257 × 38
33. 225 × 27
34. 593 × 14
35. 269 × 16

Multiplication Exercise
(3-Digit)

1. 281 × 22
2. 350 × 17
3. 123 × 59
4. 481 × 15
5. 170 × 29

6. 115 × 73
7. 424 × 16
8. 150 × 20
9. 191 × 49
10. 149 × 37

11. 419 × 13
12. 151 × 23
13. 167 × 20
14. 209 × 17
15. 253 × 36

16. 315 × 24
17. 131 × 67
18. 322 × 18
19. 128 × 67
20. 231 × 14

21. 128 × 47
22. 155 × 31
23. 451 × 12
24. 653 × 11
25. 526 × 19

26. 186 × 16
27. 361 × 23
28. 198 × 11
29. 201 × 29
30. 356 × 21

31. 158 × 23
32. 197 × 44
33. 524 × 19
34. 834 × 11
35. 819 × 12

Multiplication Exercise
(3-Digit)

1. 384 × 13
2. 233 × 12
3. 739 × 11
4. 336 × 22
5. 278 × 10

6. 189 × 10
7. 258 × 17
8. 186 × 18
9. 283 × 14
10. 568 × 17

11. 218 × 35
12. 237 × 20
13. 168 × 38
14. 401 × 13
15. 349 × 12

16. 155 × 63
17. 290 × 15
18. 424 × 11
19. 471 × 15
20. 210 × 12

21. 168 × 59
22. 205 × 10
23. 328 × 29
24. 115 × 66
25. 150 × 55

26. 927 × 10
27. 472 × 15
28. 343 × 24
29. 260 × 17
30. 285 × 29

31. 371 × 10
32. 276 × 24
33. 235 × 18
34. 176 × 32
35. 590 × 12

Multiplication Exercise
(3-Digit)

1. 613 × 15

2. 268 × 32

3. 720 × 13

4. 154 × 27

5. 896 × 10

6. 188 × 36

7. 116 × 57

8. 118 × 28

9. 160 × 56

10. 442 × 14

11. 310 × 31

12. 266 × 32

13. 618 × 10

14. 212 × 13

15. 572 × 15

16. 242 × 40

17. 368 × 21

18. 217 × 34

19. 193 × 33

20. 350 × 27

21. 146 × 25

22. 499 × 14

23. 139 × 47

24. 263 × 24

25. 744 × 13

26. 118 × 27

27. 570 × 12

28. 251 × 29

29. 803 × 12

30. 121 × 80

31. 213 × 22

32. 231 × 29

33. 244 × 40

34. 409 × 21

35. 111 × 51

Multiplication Exercise
(3-Digit)

1. 131 × 25
2. 462 × 11
3. 145 × 51
4. 449 × 20
5. 517 × 17

6. 351 × 23
7. 507 × 13
8. 439 × 18
9. 352 × 10
10. 207 × 31

11. 126 × 34
12. 127 × 52
13. 308 × 31
14. 152 × 16
15. 202 × 15

16. 161 × 33
17. 496 × 20
18. 172 × 26
19. 554 × 17
20. 235 × 30

21. 292 × 29
22. 152 × 35
23. 398 × 13
24. 118 × 59
25. 299 × 33

26. 330 × 26
27. 418 × 22
28. 111 × 66
29. 142 × 25
30. 209 × 33

31. 251 × 25
32. 607 × 14
33. 214 × 19
34. 194 × 41
35. 313 × 18

Multiplication Exercise
(3-Digit)

1. 135 × 31
2. 280 × 13
3. 287 × 29
4. 500 × 17
5. 281 × 23

6. 185 × 14
7. 785 × 12
8. 146 × 49
9. 125 × 54
10. 427 × 20

11. 181 × 44
12. 486 × 13
13. 212 × 44
14. 894 × 10
15. 510 × 15

16. 353 × 13
17. 189 × 27
18. 354 × 15
19. 165 × 42
20. 163 × 57

21. 444 × 14
22. 547 × 15
23. 160 × 10
24. 112 × 46
25. 295 × 30

26. 184 × 47
27. 172 × 13
28. 128 × 48
29. 162 × 55
30. 186 × 32

31. 197 × 39
32. 186 × 31
33. 207 × 44
34. 382 × 25
35. 428 × 13

Multiplication Exercise

(3-Digit)

22

1. 794 × 10

2. 267 × 31

3. 126 × 19

4. 343 × 17

5. 257 × 35

6. 142 × 54

7. 584 × 17

8. 543 × 12

9. 233 × 14

10. 315 × 13

11. 151 × 48

12. 261 × 28

13. 500 × 11

14. 298 × 11

15. 196 × 36

16. 489 × 20

17. 575 × 12

18. 311 × 12

19. 382 × 12

20. 217 × 38

21. 190 × 21

22. 265 × 29

23. 676 × 10

24. 500 × 15

25. 321 × 29

26. 177 × 47

27. 114 × 12

28. 382 × 18

29. 292 × 12

30. 349 × 13

31. 235 × 11

32. 122 × 61

33. 136 × 34

34. 405 × 13

35. 161 × 54

Multiplication Exercise
(3-Digit)

23

1. 296 × 17
2. 360 × 26
3. 173 × 27
4. 124 × 59
5. 250 × 16

6. 294 × 21
7. 193 × 37
8. 828 × 10
9. 156 × 49
10. 235 × 32

11. 287 × 13
12. 207 × 21
13. 616 × 14
14. 132 × 34
15. 526 × 16

16. 180 × 10
17. 585 × 13
18. 361 × 19
19. 221 × 35
20. 189 × 42

21. 145 × 41
22. 551 × 11
23. 117 × 36
24. 126 × 28
25. 264 × 16

26. 184 × 44
27. 151 × 56
28. 665 × 11
29. 178 × 24
30. 164 × 50

31. 157 × 33
32. 231 × 39
33. 152 × 61
34. 154 × 15
35. 179 × 36

Multiplication Exercise
(3-Digit)

24

1. 198 × 48

2. 546 × 13

3. 141 × 35

4. 183 × 32

5. 346 × 14

6. 402 × 15

7. 225 × 11

8. 386 × 23

9. 132 × 38

10. 117 × 69

11. 132 × 28

12. 124 × 58

13. 213 × 40

14. 400 × 14

15. 561 × 10

16. 124 × 13

17. 184 × 48

18. 264 × 31

19. 128 × 71

20. 151 × 18

21. 173 × 43

22. 218 × 36

23. 140 × 60

24. 237 × 29

25. 154 × 53

26. 465 × 20

27. 468 × 15

28. 132 × 44

29. 355 × 22

30. 286 × 34

31. 294 × 22

32. 615 × 15

33. 169 × 21

34. 140 × 40

35. 154 × 35

Multiplication Exercise
(3-Digit)

1. 131 × 28
2. 509 × 17
3. 112 × 26
4. 247 × 23
5. 115 × 72

6. 637 × 11
7. 237 × 10
8. 430 × 13
9. 128 × 24
10. 254 × 31

11. 559 × 16
12. 255 × 27
13. 799 × 11
14. 307 × 23
15. 434 × 18

16. 116 × 70
17. 145 × 31
18. 637 × 13
19. 578 × 11
20. 407 × 14

21. 197 × 47
22. 273 × 13
23. 142 × 67
24. 487 × 16
25. 392 × 18

26. 366 × 12
27. 396 × 15
28. 176 × 35
29. 354 × 14
30. 355 × 21

31. 249 × 28
32. 160 × 17
33. 113 × 87
34. 204 × 20
35. 146 × 46

Multiplication Exercise
(3-Digit)

26

1. 142 × 66

2. 281 × 26

3. 778 × 12

4. 470 × 16

5. 195 × 12

6. 643 × 13

7. 469 × 20

8. 407 × 19

9. 434 × 10

10. 233 × 31

11. 381 × 24

12. 112 × 54

13. 211 × 11

14. 188 × 41

15. 118 × 40

16. 373 × 26

17. 113 × 77

18. 234 × 23

19. 574 × 11

20. 310 × 17

21. 183 × 25

22. 273 × 34

23. 607 × 11

24. 153 × 24

25. 493 × 15

26. 487 × 13

27. 578 × 15

28. 182 × 52

29. 318 × 28

30. 514 × 15

31. 199 × 27

32. 147 × 63

33. 142 × 51

34. 324 × 23

35. 489 × 14

Multiplication Exercise
(3-Digit)

27

1. 163 × 28
2. 232 × 39
3. 129 × 42
4. 169 × 33
5. 575 × 12

6. 137 × 11
7. 218 × 33
8. 126 × 78
9. 233 × 29
10. 353 × 15

11. 455 × 17
12. 164 × 21
13. 140 × 44
14. 596 × 11
15. 386 × 16

16. 347 × 28
17. 445 × 19
18. 418 × 18
19. 338 × 26
20. 112 × 46

21. 354 × 22
22. 120 × 27
23. 177 × 33
24. 639 × 15
25. 563 × 11

26. 455 × 15
27. 504 × 18
28. 403 × 24
29. 627 × 14
30. 138 × 52

31. 515 × 15
32. 491 × 14
33. 287 × 30
34. 901 × 11
35. 132 × 72

Multiplication Exercise
(3-Digit)

28

1. 196 × 40
2. 243 × 26
3. 445 × 19
4. 212 × 13
5. 386 × 12

6. 119 × 76
7. 164 × 38
8. 835 × 11
9. 468 × 11
10. 113 × 28

11. 300 × 30
12. 160 × 49
13. 466 × 17
14. 277 × 17
15. 142 × 13

16. 588 × 12
17. 204 × 13
18. 168 × 51
19. 135 × 45
20. 216 × 16

21. 114 × 28
22. 340 × 29
23. 438 × 12
24. 119 × 82
25. 291 × 17

26. 188 × 49
27. 278 × 30
28. 220 × 41
29. 118 × 73
30. 221 × 39

31. 151 × 54
32. 204 × 28
33. 140 × 13
34. 116 × 24
35. 133 × 24

Multiplication Exercise
(3-Digit)

29

1. 709 × 14
2. 195 × 48
3. 398 × 18
4. 402 × 10
5. 268 × 12

6. 145 × 19
7. 249 × 27
8. 563 × 12
9. 146 × 17
10. 193 × 39

11. 200 × 10
12. 174 × 14
13. 368 × 13
14. 194 × 41
15. 422 × 20

16. 235 × 15
17. 167 × 25
18. 114 × 44
19. 201 × 15
20. 113 × 31

21. 444 × 15
22. 143 × 61
23. 216 × 21
24. 228 × 21
25. 124 × 32

26. 288 × 10
27. 112 × 29
28. 409 × 14
29. 112 × 29
30. 263 × 36

31. 573 × 12
32. 208 × 20
33. 598 × 12
34. 635 × 12
35. 393 × 10

Multiplication Exercise
(3-Digit)

1. 393 × 14
2. 621 × 11
3. 214 × 23
4. 226 × 21
5. 343 × 14

6. 358 × 22
7. 135 × 24
8. 172 × 43
9. 206 × 20
10. 822 × 10

11. 798 × 10
12. 116 × 81
13. 221 × 22
14. 411 × 17
15. 183 × 17

16. 454 × 14
17. 266 × 31
18. 200 × 32
19. 446 × 11
20. 212 × 25

21. 459 × 15
22. 324 × 18
23. 309 × 13
24. 305 × 22
25. 308 × 15

26. 193 × 13
27. 268 × 35
28. 161 × 42
29. 187 × 27
30. 237 × 30

31. 438 × 14
32. 376 × 21
33. 255 × 38
34. 157 × 23
35. 271 × 32

Multiplication Exercise
(3-Digit)

1. 519 × 16
2. 268 × 13
3. 436 × 12
4. 176 × 42
5. 195 × 20

6. 376 × 26
7. 113 × 31
8. 209 × 34
9. 120 × 61
10. 293 × 18

11. 274 × 17
12. 317 × 18
13. 166 × 11
14. 162 × 40
15. 169 × 24

16. 269 × 36
17. 233 × 20
18. 172 × 43
19. 214 × 45
20. 161 × 21

21. 231 × 21
22. 118 × 42
23. 326 × 22
24. 745 × 12
25. 378 × 26

26. 197 × 43
27. 560 × 14
28. 210 × 30
29. 756 × 10
30. 520 × 11

31. 526 × 16
32. 179 × 46
33. 122 × 20
34. 357 × 22
35. 160 × 22

Multiplication Exercise
(3-Digit)

1. 315 × 15

2. 451 × 10

3. 152 × 61

4. 168 × 51

5. 251 × 22

6. 137 × 57

7. 573 × 13

8. 518 × 16

9. 152 × 21

10. 588 × 11

11. 348 × 14

12. 146 × 15

13. 250 × 22

14. 172 × 42

15. 154 × 36

16. 233 × 19

17. 119 × 23

18. 419 × 12

19. 816 × 11

20. 114 × 56

21. 226 × 32

22. 111 × 88

23. 724 × 11

24. 394 × 17

25. 272 × 15

26. 125 × 56

27. 275 × 13

28. 548 × 14

29. 248 × 28

30. 436 × 19

31. 208 × 22

32. 308 × 20

33. 690 × 11

34. 129 × 53

35. 166 × 19

Multiplication Exercise
(3-Digit)

1. 126 × 47
2. 262 × 10
3. 151 × 42
4. 609 × 16
5. 199 × 36
6. 204 × 23
7. 175 × 21
8. 433 × 10
9. 114 × 21
10. 362 × 22
11. 128 × 48
12. 385 × 18
13. 266 × 16
14. 377 × 24
15. 194 × 51
16. 124 × 20
17. 163 × 58
18. 142 × 31
19. 325 × 13
20. 275 × 30
21. 123 × 14
22. 407 × 11
23. 170 × 32
24. 180 × 18
25. 671 × 10
26. 172 × 25
27. 203 × 11
28. 190 × 51
29. 658 × 14
30. 122 × 52
31. 198 × 38
32. 229 × 40
33. 163 × 52
34. 424 × 16
35. 182 × 19

Multiplication Exercise
(3-Digit)

34

1. 312 × 29
2. 281 × 15
3. 222 × 33
4. 163 × 45
5. 222 × 15

6. 141 × 66
7. 141 × 45
8. 189 × 21
9. 406 × 11
10. 425 × 17

11. 139 × 48
12. 149 × 11
13. 226 × 28
14. 189 × 49
15. 224 × 26

16. 124 × 27
17. 178 × 15
18. 431 × 16
19. 308 × 18
20. 276 × 36

21. 171 × 15
22. 182 × 28
23. 219 × 40
24. 116 × 76
25. 137 × 43

26. 641 × 11
27. 572 × 14
28. 274 × 30
29. 115 × 59
30. 163 × 48

31. 437 × 14
32. 512 × 11
33. 499 × 10
34. 456 × 17
35. 176 × 24

Multiplication Exercise
(3-Digit)

1. 554 × 18

2. 663 × 12

3. 331 × 30

4. 177 × 17

5. 576 × 10

6. 130 × 41

7. 820 × 11

8. 611 × 13

9. 679 × 13

10. 620 × 11

11. 429 × 20

12. 154 × 52

13. 350 × 12

14. 123 × 42

15. 796 × 10

16. 330 × 10

17. 366 × 27

18. 273 × 10

19. 172 × 56

20. 156 × 11

21. 142 × 37

22. 330 × 23

23. 885 × 10

24. 122 × 41

25. 429 × 10

26. 111 × 85

27. 328 × 16

28. 272 × 11

29. 255 × 16

30. 242 × 31

31. 130 × 70

32. 282 × 18

33. 224 × 15

34. 111 × 31

35. 590 × 10

Multiplication Exercise
(3-Digit)

36

1. 370 × 15
2. 283 × 27
3. 146 × 55
4. 208 × 39
5. 221 × 32

6. 142 × 51
7. 263 × 10
8. 158 × 32
9. 244 × 33
10. 410 × 21

11. 161 × 58
12. 129 × 52
13. 149 × 10
14. 163 × 41
15. 274 × 14

16. 522 × 16
17. 124 × 70
18. 381 × 14
19. 437 × 10
20. 655 × 15

21. 491 × 20
22. 124 × 10
23. 152 × 43
24. 160 × 42
25. 184 × 36

26. 358 × 15
27. 258 × 34
28. 537 × 13
29. 216 × 33
30. 542 × 11

31. 844 × 10
32. 397 × 16
33. 185 × 18
34. 235 × 17
35. 144 × 62

Multiplication Exercise
(3-Digit)

1. 663 × 11
2. 468 × 15
3. 177 × 51
4. 405 × 13
5. 367 × 25

6. 678 × 10
7. 317 × 11
8. 746 × 10
9. 112 × 26
10. 209 × 18

11. 155 × 27
12. 111 × 75
13. 129 × 10
14. 187 × 48
15. 406 × 24

16. 236 × 23
17. 150 × 32
18. 383 × 26
19. 125 × 20
20. 628 × 10

21. 156 × 55
22. 135 × 63
23. 320 × 11
24. 826 × 11
25. 383 × 14

26. 212 × 26
27. 344 × 11
28. 348 × 10
29. 281 × 30
30. 197 × 33

31. 134 × 48
32. 186 × 42
33. 191 × 38
34. 302 × 19
35. 160 × 28

Multiplication Exercise
(3-Digit)

1. 139 × 40
2. 229 × 43
3. 823 × 10
4. 133 × 55
5. 414 × 20

6. 116 × 16
7. 269 × 22
8. 293 × 18
9. 830 × 12
10. 487 × 18

11. 489 × 19
12. 426 × 13
13. 275 × 36
14. 238 × 27
15. 337 × 10

16. 205 × 37
17. 229 × 33
18. 523 × 13
19. 640 × 15
20. 177 × 45

21. 433 × 19
22. 156 × 62
23. 454 × 17
24. 201 × 36
25. 191 × 10

26. 619 × 13
27. 134 × 22
28. 243 × 33
29. 135 × 27
30. 293 × 15

31. 247 × 11
32. 188 × 53
33. 221 × 42
34. 464 × 12
35. 113 × 57

Multiplication Exercise
(3-Digit)

1. 169 × 36
2. 155 × 10
3. 637 × 13
4. 481 × 18
5. 242 × 30

6. 287 × 28
7. 205 × 45
8. 732 × 11
9. 309 × 16
10. 204 × 34

11. 257 × 32
12. 801 × 10
13. 464 × 16
14. 116 × 64
15. 245 × 33

16. 232 × 37
17. 293 × 17
18. 245 × 34
19. 359 × 27
20. 170 × 40

21. 419 × 20
22. 232 × 10
23. 118 × 17
24. 420 × 19
25. 460 × 10

26. 146 × 33
27. 241 × 24
28. 402 × 14
29. 315 × 23
30. 214 × 35

31. 416 × 11
32. 223 × 44
33. 276 × 15
34. 630 × 12
35. 129 × 37

Multiplication Exercise
(3-Digit)

40

1. 117 × 68
2. 231 × 24
3. 129 × 46
4. 243 × 40
5. 293 × 23
6. 265 × 24
7. 184 × 52
8. 132 × 21
9. 514 × 10
10. 114 × 42
11. 161 × 26
12. 113 × 54
13. 208 × 41
14. 415 × 12
15. 655 × 11
16. 243 × 21
17. 341 × 10
18. 178 × 39
19. 533 × 10
20. 136 × 24
21. 157 × 60
22. 564 × 13
23. 186 × 26
24. 301 × 21
25. 284 × 19
26. 352 × 14
27. 631 × 11
28. 124 × 22
29. 369 × 20
30. 150 × 46
31. 299 × 24
32. 147 × 27
33. 200 × 30
34. 120 × 66
35. 176 × 21

Multiplication Exercise
(3-Digit)

1. 314 × 18
2. 149 × 13
3. 424 × 20
4. 117 × 45
5. 125 × 74

6. 551 × 13
7. 326 × 11
8. 224 × 37
9. 486 × 14
10. 676 × 13

11. 356 × 10
12. 145 × 57
13. 240 × 28
14. 228 × 22
15. 252 × 15

16. 201 × 39
17. 366 × 19
18. 172 × 32
19. 125 × 33
20. 286 × 10

21. 388 × 10
22. 277 × 11
23. 323 × 24
24. 241 × 37
25. 119 × 31

26. 180 × 38
27. 525 × 12
28. 431 × 11
29. 498 × 20
30. 147 × 11

31. 201 × 35
32. 398 × 13
33. 196 × 45
34. 129 × 44
35. 314 × 13

Multiplication Exercise
(3-Digit)

42

1. 169 × 55
2. 772 × 10
3. 587 × 11
4. 582 × 16
5. 305 × 24

6. 153 × 20
7. 761 × 11
8. 199 × 41
9. 236 × 29
10. 533 × 13

11. 115 × 85
12. 165 × 11
13. 504 × 11
14. 353 × 21
15. 167 × 57

16. 460 × 14
17. 729 × 11
18. 135 × 65
19. 466 × 21
20. 143 × 15

21. 262 × 28
22. 401 × 22
23. 141 × 16
24. 800 × 12
25. 256 × 25

26. 155 × 21
27. 321 × 18
28. 174 × 14
29. 820 × 12
30. 120 × 39

31. 814 × 11
32. 301 × 30
33. 245 × 27
34. 306 × 18
35. 272 × 26

Multiplication Exercise
(3-Digit)

1. 254 × 34
2. 256 × 12
3. 142 × 60
4. 113 × 14
5. 162 × 17

6. 549 × 11
7. 154 × 62
8. 207 × 25
9. 158 × 61
10. 266 × 13

11. 538 × 18
12. 227 × 22
13. 377 × 11
14. 545 × 11
15. 111 × 18

16. 315 × 21
17. 197 × 20
18. 921 × 10
19. 250 × 16
20. 340 × 21

21. 308 × 30
22. 204 × 31
23. 296 × 13
24. 214 × 39
25. 169 × 26

26. 268 × 33
27. 234 × 27
28. 200 × 13
29. 134 × 29
30. 511 × 14

31. 262 × 16
32. 153 × 19
33. 243 × 31
34. 666 × 11
35. 676 × 13

Multiplication Exercise
(3-Digit)

1. 161 × 17
2. 142 × 11
3. 379 × 19
4. 205 × 25
5. 215 × 24

6. 391 × 21
7. 323 × 26
8. 156 × 33
9. 294 × 13
10. 456 × 15

11. 145 × 21
12. 434 × 15
13. 126 × 57
14. 173 × 20
15. 122 × 25

16. 293 × 15
17. 802 × 11
18. 602 × 13
19. 372 × 25
20. 424 × 17

21. 295 × 29
22. 114 × 52
23. 187 × 40
24. 463 × 17
25. 118 × 71

26. 121 × 25
27. 368 × 24
28. 114 × 34
29. 115 × 69
30. 221 × 14

31. 176 × 16
32. 183 × 18
33. 560 × 15
34. 515 × 15
35. 208 × 28

Multiplication Exercise
(3-Digit)

1. 198 × 43

2. 312 × 30

3. 315 × 26

4. 178 × 16

5. 172 × 32

6. 573 × 13

7. 286 × 34

8. 122 × 17

9. 425 × 11

10. 141 × 17

11. 123 × 38

12. 166 × 11

13. 162 × 25

14. 219 × 20

15. 232 × 29

16. 578 × 17

17. 129 × 44

18. 436 × 11

19. 551 × 14

20. 411 × 20

21. 175 × 25

22. 300 × 32

23. 525 × 15

24. 152 × 21

25. 131 × 33

26. 185 × 33

27. 183 × 29

28. 287 × 31

29. 115 × 23

30. 566 × 12

31. 493 × 10

32. 111 × 17

33. 685 × 12

34. 147 × 41

35. 111 × 10

Multiplication Exercise
(3-Digit)

1. 113 × 45
2. 570 × 15
3. 298 × 30
4. 215 × 21
5. 693 × 11

6. 141 × 68
7. 763 × 12
8. 171 × 56
9. 420 × 23
10. 322 × 25

11. 145 × 31
12. 196 × 34
13. 137 × 66
14. 167 × 12
15. 158 × 52

16. 277 × 31
17. 237 × 21
18. 171 × 53
19. 153 × 57
20. 364 × 25

21. 425 × 18
22. 113 × 83
23. 192 × 27
24. 328 × 27
25. 169 × 34

26. 113 × 86
27. 137 × 47
28. 193 × 34
29. 121 × 48
30. 310 × 12

31. 180 × 26
32. 131 × 61
33. 212 × 17
34. 292 × 21
35. 541 × 10

Multiplication Exercise
(3-Digit)

1. 334 × 22

2. 716 × 11

3. 154 × 51

4. 596 × 11

5. 384 × 14

6. 291 × 31

7. 155 × 19

8. 342 × 15

9. 599 × 10

10. 220 × 21

11. 466 × 15

12. 145 × 18

13. 433 × 11

14. 111 × 78

15. 342 × 14

16. 371 × 25

17. 290 × 29

18. 379 × 16

19. 789 × 11

20. 272 × 12

21. 111 × 48

22. 291 × 32

23. 118 × 33

24. 224 × 22

25. 159 × 60

26. 157 × 57

27. 196 × 31

28. 723 × 11

29. 295 × 18

30. 231 × 32

31. 259 × 22

32. 126 × 28

33. 211 × 10

34. 243 × 12

35. 151 × 56

Multiplication Exercise
(3-Digit)

48

1.
$$324 \times 11$$

2.
$$124 \times 54$$

3.
$$395 \times 24$$

4.
$$132 \times 47$$

5.
$$609 \times 14$$

6.
$$137 \times 11$$

7.
$$550 \times 17$$

8.
$$441 \times 11$$

9.
$$217 \times 12$$

10.
$$656 \times 15$$

11.
$$494 \times 13$$

12.
$$321 \times 25$$

13.
$$332 \times 27$$

14.
$$306 \times 23$$

15.
$$126 \times 52$$

16.
$$189 \times 21$$

17.
$$429 \times 20$$

18.
$$169 \times 58$$

19.
$$714 \times 13$$

20.
$$233 \times 25$$

21.
$$873 \times 10$$

22.
$$149 \times 66$$

23.
$$179 \times 29$$

24.
$$172 \times 38$$

25.
$$375 \times 15$$

26.
$$384 \times 24$$

27.
$$275 \times 34$$

28.
$$112 \times 87$$

29.
$$118 \times 79$$

30.
$$589 \times 14$$

31.
$$280 \times 26$$

32.
$$185 \times 32$$

33.
$$127 \times 11$$

34.
$$515 \times 18$$

35.
$$133 \times 56$$

Multiplication Exercise
(3-Digit)

49

1. 283 × 33
2. 307 × 20
3. 412 × 18
4. 146 × 39
5. 285 × 33

6. 286 × 24
7. 784 × 12
8. 230 × 34
9. 380 × 16
10. 291 × 12

11. 305 × 13
12. 185 × 38
13. 606 × 14
14. 761 × 10
15. 116 × 81

16. 128 × 12
17. 385 × 15
18. 226 × 43
19. 132 × 42
20. 372 × 18

21. 231 × 32
22. 406 × 21
23. 152 × 59
24. 348 × 26
25. 208 × 19

26. 334 × 10
27. 451 × 14
28. 251 × 36
29. 261 × 11
30. 179 × 53

31. 226 × 27
32. 169 × 32
33. 369 × 22
34. 301 × 16
35. 206 × 45

Multiplication Exercise
(3-Digit)

1. 208 × 31
2. 197 × 24
3. 297 × 18
4. 361 × 16
5. 183 × 18

6. 382 × 17
7. 131 × 30
8. 190 × 23
9. 259 × 34
10. 436 × 16

11. 133 × 53
12. 157 × 55
13. 341 × 28
14. 459 × 19
15. 437 × 14

16. 296 × 25
17. 193 × 48
18. 118 × 54
19. 128 × 65
20. 157 × 47

21. 328 × 24
22. 169 × 49
23. 220 × 14
24. 242 × 18
25. 117 × 25

26. 142 × 34
27. 625 × 13
28. 419 × 15
29. 425 × 21
30. 120 × 67

31. 125 × 26
32. 465 × 11
33. 278 × 20
34. 395 × 25
35. 415 × 14

Division Exercise
(3-Digit)

1. 588 ÷ 98
2. 836 ÷ 38
3. 355 ÷ 71
4. 462 ÷ 42
5. 256 ÷ 64

6. 836 ÷ 44
7. 280 ÷ 56
8. 252 ÷ 84
9. 172 ÷ 86
10. 551 ÷ 29

11. 156 ÷ 13
12. 720 ÷ 16
13. 291 ÷ 97
14. 340 ÷ 68
15. 627 ÷ 33

16. 610 ÷ 10
17. 621 ÷ 23
18. 759 ÷ 69
19. 237 ÷ 79
20. 456 ÷ 57

21. 459 ÷ 27
22. 312 ÷ 39
23. 540 ÷ 60
24. 646 ÷ 38
25. 408 ÷ 68

26. 891 ÷ 99
27. 130 ÷ 26
28. 612 ÷ 36
29. 315 ÷ 21
30. 190 ÷ 19

31. 140 ÷ 70
32. 305 ÷ 61
33. 208 ÷ 52
34. 594 ÷ 99
35. 888 ÷ 74

Division Exercise
(3-Digit)

52

1. 672 ÷ 56
2. 426 ÷ 71
3. 141 ÷ 47
4. 609 ÷ 29
5. 912 ÷ 19

6. 840 ÷ 84
7. 464 ÷ 58
8. 168 ÷ 84
9. 520 ÷ 65
10. 462 ÷ 66

11. 243 ÷ 81
12. 130 ÷ 26
13. 363 ÷ 33
14. 720 ÷ 36
15. 208 ÷ 52

16. 495 ÷ 99
17. 756 ÷ 84
18. 800 ÷ 10
19. 891 ÷ 81
20. 851 ÷ 37

21. 468 ÷ 26
22. 228 ÷ 76
23. 868 ÷ 62
24. 216 ÷ 54
25. 520 ÷ 52

26. 180 ÷ 60
27. 210 ÷ 21
28. 736 ÷ 16
29. 864 ÷ 18
30. 806 ÷ 26

31. 450 ÷ 30
32. 805 ÷ 35
33. 312 ÷ 12
34. 550 ÷ 50
35. 164 ÷ 41

Division Exercise
(3-Digit)

1. 680 ÷ 85

2. 624 ÷ 78

3. 644 ÷ 92

4. 420 ÷ 70

5. 260 ÷ 52

6. 297 ÷ 33

7. 744 ÷ 31

8. 888 ÷ 37

9. 522 ÷ 58

10. 312 ÷ 13

11. 120 ÷ 10

12. 588 ÷ 42

13. 737 ÷ 67

14. 333 ÷ 37

15. 385 ÷ 77

16. 405 ÷ 45

17. 819 ÷ 21

18. 242 ÷ 11

19. 306 ÷ 51

20. 567 ÷ 27

21. 510 ÷ 51

22. 495 ÷ 33

23. 288 ÷ 32

24. 675 ÷ 15

25. 644 ÷ 46

26. 550 ÷ 55

27. 279 ÷ 93

28. 880 ÷ 88

29. 143 ÷ 11

30. 711 ÷ 79

31. 490 ÷ 98

32. 846 ÷ 47

33. 231 ÷ 11

34. 472 ÷ 59

35. 340 ÷ 68

Division Exercise
(3-Digit)

54

1. 671 ÷ 61

2. 384 ÷ 48

3. 480 ÷ 80

4. 345 ÷ 69

5. 207 ÷ 69

6. 153 ÷ 17

7. 792 ÷ 44

8. 854 ÷ 61

9. 576 ÷ 18

10. 756 ÷ 36

11. 784 ÷ 49

12. 395 ÷ 79

13. 684 ÷ 57

14. 408 ÷ 12

15. 435 ÷ 15

16. 630 ÷ 63

17. 714 ÷ 17

18. 276 ÷ 92

19. 442 ÷ 34

20. 880 ÷ 22

21. 280 ÷ 40

22. 630 ÷ 63

23. 672 ÷ 96

24. 288 ÷ 36

25. 644 ÷ 92

26. 420 ÷ 14

27. 297 ÷ 99

28. 760 ÷ 76

29. 880 ÷ 80

30. 456 ÷ 38

31. 418 ÷ 38

32. 833 ÷ 17

33. 363 ÷ 33

34. 871 ÷ 67

35. 258 ÷ 86

Division Exercise
(3-Digit)

1. 348 ÷ 12
2. 585 ÷ 65
3. 342 ÷ 57
4. 300 ÷ 60
5. 332 ÷ 83
6. 715 ÷ 55
7. 168 ÷ 14
8. 605 ÷ 55
9. 540 ÷ 18
10. 406 ÷ 58
11. 715 ÷ 13
12. 406 ÷ 29
13. 392 ÷ 98
14. 765 ÷ 85
15. 680 ÷ 68
16. 672 ÷ 48
17. 649 ÷ 59
18. 612 ÷ 68
19. 728 ÷ 52
20. 142 ÷ 71
21. 559 ÷ 43
22. 208 ÷ 52
23. 330 ÷ 33
24. 468 ÷ 36
25. 158 ÷ 79
26. 435 ÷ 87
27. 738 ÷ 41
28. 629 ÷ 37
29. 344 ÷ 86
30. 910 ÷ 70
31. 355 ÷ 71
32. 874 ÷ 46
33. 330 ÷ 22
34. 665 ÷ 35
35. 574 ÷ 41

Division Exercise
(3-Digit)

1. 275 ÷ 55

2. 456 ÷ 38

3. 170 ÷ 85

4. 767 ÷ 59

5. 280 ÷ 70

6. 240 ÷ 40

7. 450 ÷ 75

8. 455 ÷ 91

9. 704 ÷ 88

10. 665 ÷ 19

11. 800 ÷ 50

12. 224 ÷ 32

13. 116 ÷ 29

14. 240 ÷ 80

15. 232 ÷ 58

16. 506 ÷ 46

17. 876 ÷ 73

18. 819 ÷ 39

19. 676 ÷ 26

20. 812 ÷ 29

21. 284 ÷ 71

22. 456 ÷ 76

23. 511 ÷ 73

24. 360 ÷ 18

25. 864 ÷ 54

26. 756 ÷ 27

27. 700 ÷ 50

28. 492 ÷ 82

29. 312 ÷ 52

30. 366 ÷ 61

31. 498 ÷ 83

32. 705 ÷ 15

33. 308 ÷ 77

34. 884 ÷ 13

35. 476 ÷ 28

Division Exercise
(3-Digit)

1. 870 ÷ 58
2. 752 ÷ 47
3. 204 ÷ 68
4. 570 ÷ 15
5. 376 ÷ 47

6. 237 ÷ 79
7. 780 ÷ 15
8. 141 ÷ 47
9. 150 ÷ 30
10. 756 ÷ 63

11. 320 ÷ 80
12. 324 ÷ 36
13. 527 ÷ 31
14. 160 ÷ 16
15. 672 ÷ 32

16. 125 ÷ 25
17. 232 ÷ 29
18. 189 ÷ 21
19. 572 ÷ 52
20. 680 ÷ 68

21. 130 ÷ 65
22. 686 ÷ 49
23. 623 ÷ 89
24. 384 ÷ 48
25. 744 ÷ 12

26. 588 ÷ 84
27. 366 ÷ 61
28. 680 ÷ 85
29. 612 ÷ 18
30. 435 ÷ 15

31. 608 ÷ 32
32. 814 ÷ 37
33. 700 ÷ 70
34. 308 ÷ 77
35. 603 ÷ 67

Division Exercise
(3-Digit)

1. 285 ÷ 15
2. 648 ÷ 81
3. 728 ÷ 91
4. 164 ÷ 41
5. 360 ÷ 72

6. 704 ÷ 88
7. 380 ÷ 38
8. 420 ÷ 30
9. 456 ÷ 76
10. 420 ÷ 42

11. 559 ÷ 13
12. 360 ÷ 45
13. 819 ÷ 39
14. 116 ÷ 58
15. 864 ÷ 54

16. 560 ÷ 35
17. 840 ÷ 60
18. 261 ÷ 87
19. 494 ÷ 38
20. 540 ÷ 27

21. 871 ÷ 67
22. 270 ÷ 54
23. 259 ÷ 37
24. 511 ÷ 73
25. 282 ÷ 94

26. 432 ÷ 36
27. 225 ÷ 25
28. 590 ÷ 59
29. 630 ÷ 90
30. 648 ÷ 54

31. 255 ÷ 85
32. 462 ÷ 66
33. 384 ÷ 24
34. 616 ÷ 88
35. 180 ÷ 90

Division Exercise
(3-Digit)

1. 910 ÷ 14
2. 300 ÷ 10
3. 558 ÷ 93
4. 216 ÷ 24
5. 288 ÷ 12

6. 194 ÷ 97
7. 430 ÷ 86
8. 410 ÷ 82
9. 770 ÷ 11
10. 304 ÷ 76

11. 194 ÷ 97
12. 923 ÷ 71
13. 854 ÷ 61
14. 144 ÷ 72
15. 903 ÷ 43

16. 612 ÷ 18
17. 212 ÷ 53
18. 741 ÷ 39
19. 528 ÷ 48
20. 294 ÷ 49

21. 376 ÷ 94
22. 165 ÷ 11
23. 640 ÷ 64
24. 186 ÷ 31
25. 902 ÷ 82

26. 234 ÷ 78
27. 490 ÷ 70
28. 350 ÷ 35
29. 440 ÷ 22
30. 156 ÷ 39

31. 221 ÷ 17
32. 315 ÷ 35
33. 896 ÷ 64
34. 265 ÷ 53
35. 708 ÷ 59

Division Exercise
(3-Digit)

60

1. 870 ÷ 29
2. 704 ÷ 88
3. 564 ÷ 94
4. 560 ÷ 35
5. 504 ÷ 72

6. 290 ÷ 58
7. 204 ÷ 34
8. 528 ÷ 16
9. 828 ÷ 23
10. 816 ÷ 68

11. 235 ÷ 47
12. 480 ÷ 40
13. 480 ÷ 48
14. 486 ÷ 81
15. 658 ÷ 47

16. 600 ÷ 24
17. 779 ÷ 19
18. 611 ÷ 47
19. 357 ÷ 51
20. 156 ÷ 78

21. 264 ÷ 66
22. 759 ÷ 23
23. 465 ÷ 93
24. 420 ÷ 28
25. 177 ÷ 59

26. 518 ÷ 74
27. 294 ÷ 42
28. 611 ÷ 13
29. 900 ÷ 45
30. 230 ÷ 46

31. 324 ÷ 36
32. 212 ÷ 53
33. 477 ÷ 53
34. 810 ÷ 81
35. 415 ÷ 83

Division Exercise
(3-Digit)

1. 648 ÷ 72
2. 390 ÷ 39
3. 672 ÷ 48
4. 880 ÷ 55
5. 122 ÷ 61
6. 212 ÷ 53
7. 414 ÷ 46
8. 190 ÷ 38
9. 530 ÷ 53
10. 450 ÷ 45
11. 228 ÷ 57
12. 864 ÷ 32
13. 864 ÷ 32
14. 396 ÷ 99
15. 510 ÷ 34
16. 845 ÷ 65
17. 330 ÷ 30
18. 129 ÷ 43
19. 728 ÷ 56
20. 504 ÷ 56
21. 368 ÷ 46
22. 160 ÷ 40
23. 520 ÷ 20
24. 340 ÷ 34
25. 621 ÷ 69
26. 395 ÷ 79
27. 342 ÷ 18
28. 594 ÷ 33
29. 675 ÷ 25
30. 456 ÷ 57
31. 540 ÷ 54
32. 246 ÷ 82
33. 280 ÷ 56
34. 216 ÷ 27
35. 700 ÷ 50

Division Exercise
(3-Digit)

62

1. 252 ÷ 63
2. 480 ÷ 80
3. 585 ÷ 65
4. 568 ÷ 71
5. 671 ÷ 61

6. 550 ÷ 55
7. 333 ÷ 37
8. 621 ÷ 23
9. 385 ÷ 55
10. 260 ÷ 65

11. 600 ÷ 75
12. 532 ÷ 76
13. 900 ÷ 50
14. 664 ÷ 83
15. 225 ÷ 45

16. 672 ÷ 56
17. 602 ÷ 43
18. 874 ÷ 46
19. 273 ÷ 21
20. 114 ÷ 38

21. 190 ÷ 95
22. 330 ÷ 30
23. 518 ÷ 74
24. 217 ÷ 31
25. 720 ÷ 30

26. 736 ÷ 92
27. 210 ÷ 35
28. 279 ÷ 93
29. 320 ÷ 40
30. 650 ÷ 26

31. 525 ÷ 15
32. 231 ÷ 77
33. 325 ÷ 13
34. 288 ÷ 96
35. 360 ÷ 36

Division Exercise
(3-Digit)

63

1. 462 ÷ 42
2. 550 ÷ 50
3. 132 ÷ 66
4. 497 ÷ 71
5. 270 ÷ 54

6. 468 ÷ 52
7. 741 ÷ 39
8. 544 ÷ 68
9. 336 ÷ 42
10. 324 ÷ 81

11. 252 ÷ 42
12. 246 ÷ 82
13. 780 ÷ 60
14. 300 ÷ 60
15. 644 ÷ 92

16. 630 ÷ 42
17. 330 ÷ 10
18. 146 ÷ 73
19. 801 ÷ 89
20. 540 ÷ 27

21. 378 ÷ 54
22. 264 ÷ 11
23. 265 ÷ 53
24. 166 ÷ 83
25. 840 ÷ 60

26. 693 ÷ 99
27. 712 ÷ 89
28. 750 ÷ 75
29. 722 ÷ 38
30. 129 ÷ 43

31. 558 ÷ 62
32. 476 ÷ 34
33. 495 ÷ 15
34. 656 ÷ 82
35. 686 ÷ 49

Division Exercise
(3-Digit)

1. 240 ÷ 80
2. 384 ÷ 96
3. 122 ÷ 61
4. 880 ÷ 88
5. 912 ÷ 48

6. 192 ÷ 64
7. 192 ÷ 48
8. 890 ÷ 89
9. 126 ÷ 42
10. 130 ÷ 65

11. 582 ÷ 97
12. 826 ÷ 59
13. 780 ÷ 65
14. 264 ÷ 88
15. 696 ÷ 24

16. 550 ÷ 50
17. 252 ÷ 36
18. 812 ÷ 14
19. 825 ÷ 55
20. 828 ÷ 23

21. 792 ÷ 99
22. 567 ÷ 81
23. 338 ÷ 26
24. 630 ÷ 42
25. 504 ÷ 42

26. 282 ÷ 47
27. 468 ÷ 12
28. 480 ÷ 96
29. 828 ÷ 92
30. 352 ÷ 88

31. 864 ÷ 24
32. 884 ÷ 68
33. 164 ÷ 82
34. 320 ÷ 40
35. 392 ÷ 98

Division Exercise
(3-Digit)

65

1. 144 ÷ 36

2. 715 ÷ 65

3. 434 ÷ 31

4. 464 ÷ 29

5. 333 ÷ 37

6. 868 ÷ 31

7. 203 ÷ 29

8. 774 ÷ 86

9. 210 ÷ 70

10. 455 ÷ 65

11. 756 ÷ 84

12. 198 ÷ 99

13. 356 ÷ 89

14. 522 ÷ 18

15. 728 ÷ 91

16. 498 ÷ 83

17. 117 ÷ 39

18. 650 ÷ 25

19. 816 ÷ 17

20. 850 ÷ 50

21. 511 ÷ 73

22. 377 ÷ 29

23. 408 ÷ 24

24. 444 ÷ 74

25. 352 ÷ 88

26. 546 ÷ 78

27. 176 ÷ 88

28. 276 ÷ 69

29. 504 ÷ 56

30. 468 ÷ 78

31. 234 ÷ 13

32. 225 ÷ 75

33. 280 ÷ 70

34. 237 ÷ 79

35. 850 ÷ 25

Division Exercise
(3-Digit)

1. 539 ÷ 49
2. 330 ÷ 66
3. 636 ÷ 12
4. 291 ÷ 97
5. 216 ÷ 72

6. 576 ÷ 72
7. 576 ÷ 72
8. 637 ÷ 91
9. 112 ÷ 56
10. 864 ÷ 54

11. 437 ÷ 19
12. 156 ÷ 78
13. 672 ÷ 84
14. 495 ÷ 99
15. 280 ÷ 40

16. 260 ÷ 20
17. 470 ÷ 47
18. 700 ÷ 70
19. 340 ÷ 20
20. 600 ÷ 60

21. 891 ÷ 81
22. 288 ÷ 96
23. 720 ÷ 90
24. 445 ÷ 89
25. 390 ÷ 65

26. 213 ÷ 71
27. 912 ÷ 76
28. 560 ÷ 70
29. 156 ÷ 52
30. 820 ÷ 10

31. 219 ÷ 73
32. 490 ÷ 70
33. 870 ÷ 10
34. 684 ÷ 38
35. 594 ÷ 99

Division Exercise
(3-Digit)

67

1. 306 ÷ 51
2. 696 ÷ 24
3. 689 ÷ 53
4. 396 ÷ 11
5. 858 ÷ 66

6. 702 ÷ 78
7. 649 ÷ 59
8. 600 ÷ 40
9. 851 ÷ 37
10. 187 ÷ 17

11. 332 ÷ 83
12. 528 ÷ 66
13. 486 ÷ 81
14. 684 ÷ 76
15. 840 ÷ 60

16. 464 ÷ 29
17. 600 ÷ 24
18. 132 ÷ 44
19. 315 ÷ 63
20. 900 ÷ 15

21. 184 ÷ 92
22. 567 ÷ 27
23. 178 ÷ 89
24. 400 ÷ 80
25. 300 ÷ 30

26. 660 ÷ 44
27. 539 ÷ 77
28. 264 ÷ 66
29. 255 ÷ 85
30. 632 ÷ 79

31. 640 ÷ 64
32. 215 ÷ 43
33. 304 ÷ 76
34. 140 ÷ 35
35. 644 ÷ 46

Division Exercise
(3-Digit)

68

1. 448 ÷ 14
2. 320 ÷ 20
3. 532 ÷ 38
4. 572 ÷ 26
5. 902 ÷ 41

6. 348 ÷ 29
7. 332 ÷ 83
8. 207 ÷ 69
9. 696 ÷ 58
10. 756 ÷ 54

11. 630 ÷ 90
12. 405 ÷ 45
13. 726 ÷ 66
14. 495 ÷ 45
15. 190 ÷ 95

16. 300 ÷ 60
17. 132 ÷ 66
18. 682 ÷ 62
19. 375 ÷ 75
20. 112 ÷ 56

21. 880 ÷ 88
22. 582 ÷ 97
23. 462 ÷ 14
24. 684 ÷ 19
25. 297 ÷ 27

26. 380 ÷ 95
27. 798 ÷ 57
28. 234 ÷ 78
29. 768 ÷ 64
30. 170 ÷ 34

31. 768 ÷ 16
32. 860 ÷ 20
33. 646 ÷ 38
34. 759 ÷ 11
35. 728 ÷ 91

Division Exercise
(3-Digit)

1. 637 ÷ 49
2. 752 ÷ 47
3. 522 ÷ 87
4. 897 ÷ 13
5. 728 ÷ 52

6. 546 ÷ 39
7. 760 ÷ 95
8. 671 ÷ 61
9. 578 ÷ 17
10. 264 ÷ 22

11. 344 ÷ 86
12. 357 ÷ 51
13. 480 ÷ 60
14. 636 ÷ 53
15. 714 ÷ 34

16. 880 ÷ 10
17. 690 ÷ 69
18. 640 ÷ 32
19. 624 ÷ 24
20. 756 ÷ 63

21. 810 ÷ 90
22. 177 ÷ 59
23. 308 ÷ 77
24. 741 ÷ 39
25. 490 ÷ 49

26. 476 ÷ 14
27. 910 ÷ 91
28. 341 ÷ 31
29. 240 ÷ 80
30. 585 ÷ 39

31. 720 ÷ 60
32. 414 ÷ 69
33. 364 ÷ 26
34. 306 ÷ 51
35. 549 ÷ 61

Division Exercise
(3-Digit)

70

1. 142 ÷ 71
2. 280 ÷ 20
3. 162 ÷ 54
4. 406 ÷ 58
5. 798 ÷ 42

6. 448 ÷ 28
7. 696 ÷ 29
8. 864 ÷ 24
9. 336 ÷ 42
10. 544 ÷ 68

11. 900 ÷ 20
12. 756 ÷ 84
13. 200 ÷ 50
14. 112 ÷ 16
15. 111 ÷ 37

16. 525 ÷ 35
17. 867 ÷ 51
18. 435 ÷ 87
19. 840 ÷ 70
20. 378 ÷ 27

21. 405 ÷ 27
22. 294 ÷ 49
23. 200 ÷ 25
24. 740 ÷ 37
25. 344 ÷ 86

26. 228 ÷ 38
27. 170 ÷ 85
28. 276 ÷ 46
29. 637 ÷ 49
30. 144 ÷ 12

31. 540 ÷ 36
32. 814 ÷ 11
33. 690 ÷ 10
34. 340 ÷ 68
35. 714 ÷ 14

Division Exercise
(3-Digit)

1. 442 ÷ 26
2. 768 ÷ 64
3. 675 ÷ 15
4. 216 ÷ 54
5. 396 ÷ 12

6. 825 ÷ 25
7. 845 ÷ 13
8. 248 ÷ 31
9. 900 ÷ 20
10. 112 ÷ 56

11. 497 ÷ 71
12. 810 ÷ 54
13. 440 ÷ 55
14. 704 ÷ 32
15. 639 ÷ 71

16. 469 ÷ 67
17. 424 ÷ 53
18. 770 ÷ 35
19. 660 ÷ 44
20. 445 ÷ 89

21. 464 ÷ 58
22. 664 ÷ 83
23. 188 ÷ 94
24. 795 ÷ 53
25. 486 ÷ 81

26. 222 ÷ 74
27. 756 ÷ 42
28. 336 ÷ 21
29. 292 ÷ 73
30. 748 ÷ 22

31. 460 ÷ 46
32. 384 ÷ 48
33. 840 ÷ 70
34. 744 ÷ 24
35. 468 ÷ 78

Division Exercise
(3-Digit)

72

1. 768 ÷ 96

2. 176 ÷ 88

3. 168 ÷ 28

4. 284 ÷ 71

5. 840 ÷ 42

6. 500 ÷ 25

7. 693 ÷ 99

8. 555 ÷ 37

9. 594 ÷ 18

10. 140 ÷ 70

11. 738 ÷ 41

12. 224 ÷ 16

13. 180 ÷ 45

14. 624 ÷ 52

15. 392 ÷ 98

16. 324 ÷ 81

17. 486 ÷ 54

18. 360 ÷ 40

19. 231 ÷ 77

20. 468 ÷ 26

21. 890 ÷ 10

22. 195 ÷ 39

23. 486 ÷ 81

24. 312 ÷ 78

25. 828 ÷ 69

26. 308 ÷ 14

27. 756 ÷ 36

28. 858 ÷ 33

29. 399 ÷ 19

30. 832 ÷ 16

31. 351 ÷ 39

32. 325 ÷ 65

33. 637 ÷ 49

34. 598 ÷ 46

35. 675 ÷ 45

Division Exercise
(3-Digit)

1. 270 ÷ 90
2. 155 ÷ 31
3. 667 ÷ 23
4. 156 ÷ 52
5. 198 ÷ 33

6. 224 ÷ 32
7. 360 ÷ 72
8. 682 ÷ 62
9. 690 ÷ 30
10. 374 ÷ 22

11. 260 ÷ 26
12. 405 ÷ 27
13. 522 ÷ 18
14. 873 ÷ 97
15. 560 ÷ 40

16. 693 ÷ 33
17. 610 ÷ 61
18. 570 ÷ 95
19. 325 ÷ 65
20. 533 ÷ 41

21. 756 ÷ 84
22. 210 ÷ 70
23. 275 ÷ 55
24. 182 ÷ 91
25. 728 ÷ 91

26. 759 ÷ 33
27. 272 ÷ 68
28. 820 ÷ 82
29. 405 ÷ 15
30. 864 ÷ 36

31. 273 ÷ 91
32. 558 ÷ 62
33. 432 ÷ 54
34. 288 ÷ 32
35. 336 ÷ 21

Division Exercise
(3-Digit)

74

1. 315 ÷ 63
2. 284 ÷ 71
3. 196 ÷ 49
4. 638 ÷ 58
5. 630 ÷ 45

6. 532 ÷ 38
7. 294 ÷ 98
8. 430 ÷ 86
9. 319 ÷ 29
10. 413 ÷ 59

11. 282 ÷ 94
12. 770 ÷ 35
13. 296 ÷ 37
14. 800 ÷ 32
15. 480 ÷ 30

16. 330 ÷ 30
17. 170 ÷ 85
18. 148 ÷ 37
19. 624 ÷ 78
20. 273 ÷ 39

21. 330 ÷ 30
22. 511 ÷ 73
23. 731 ÷ 43
24. 840 ÷ 40
25. 430 ÷ 43

26. 250 ÷ 50
27. 336 ÷ 21
28. 320 ÷ 64
29. 784 ÷ 16
30. 192 ÷ 48

31. 219 ÷ 73
32. 836 ÷ 76
33. 700 ÷ 70
34. 268 ÷ 67
35. 736 ÷ 92

Division Exercise
(3-Digit)

75

1. 630 ÷ 35
2. 672 ÷ 56
3. 405 ÷ 81
4. 396 ÷ 11
5. 861 ÷ 41

6. 126 ÷ 21
7. 540 ÷ 60
8. 423 ÷ 47
9. 255 ÷ 15
10. 637 ÷ 49

11. 620 ÷ 10
12. 884 ÷ 68
13. 812 ÷ 28
14. 410 ÷ 41
15. 672 ÷ 96

16. 285 ÷ 57
17. 649 ÷ 59
18. 611 ÷ 47
19. 285 ÷ 57
20. 736 ÷ 92

21. 112 ÷ 56
22. 168 ÷ 84
23. 405 ÷ 81
24. 810 ÷ 54
25. 288 ÷ 96

26. 638 ÷ 58
27. 340 ÷ 85
28. 144 ÷ 24
29. 304 ÷ 16
30. 780 ÷ 60

31. 258 ÷ 86
32. 406 ÷ 58
33. 518 ÷ 37
34. 551 ÷ 29
35. 583 ÷ 53

Division Exercise
(3-Digit)

1. 517 ÷ 11
2. 300 ÷ 15
3. 360 ÷ 72
4. 144 ÷ 48
5. 517 ÷ 47

6. 406 ÷ 14
7. 792 ÷ 66
8. 416 ÷ 52
9. 525 ÷ 35
10. 384 ÷ 48

11. 396 ÷ 11
12. 520 ÷ 65
13. 868 ÷ 31
14. 340 ÷ 85
15. 396 ÷ 12

16. 880 ÷ 80
17. 237 ÷ 79
18. 294 ÷ 49
19. 328 ÷ 41
20. 250 ÷ 25

21. 882 ÷ 98
22. 356 ÷ 89
23. 784 ÷ 16
24. 840 ÷ 84
25. 198 ÷ 22

26. 637 ÷ 49
27. 720 ÷ 60
28. 465 ÷ 93
29. 135 ÷ 45
30. 469 ÷ 67

31. 240 ÷ 24
32. 770 ÷ 77
33. 270 ÷ 18
34. 910 ÷ 70
35. 496 ÷ 31

Division Exercise
(3-Digit)

1. 294 ÷ 49
2. 768 ÷ 64
3. 117 ÷ 39
4. 462 ÷ 66
5. 884 ÷ 52

6. 165 ÷ 33
7. 530 ÷ 53
8. 166 ÷ 83
9. 534 ÷ 89
10. 564 ÷ 47

11. 576 ÷ 32
12. 860 ÷ 86
13. 285 ÷ 95
14. 357 ÷ 21
15. 198 ÷ 99

16. 400 ÷ 80
17. 192 ÷ 64
18. 620 ÷ 20
19. 172 ÷ 43
20. 750 ÷ 25

21. 172 ÷ 86
22. 648 ÷ 24
23. 858 ÷ 66
24. 792 ÷ 88
25. 356 ÷ 89

26. 169 ÷ 13
27. 322 ÷ 23
28. 840 ÷ 14
29. 765 ÷ 17
30. 539 ÷ 49

31. 437 ÷ 23
32. 183 ÷ 61
33. 424 ÷ 53
34. 760 ÷ 76
35. 322 ÷ 23

Division Exercise
(3-Digit)

78

1. 416 ÷ 52
2. 896 ÷ 14
3. 702 ÷ 26
4. 776 ÷ 97
5. 392 ÷ 98

6. 630 ÷ 21
7. 540 ÷ 60
8. 234 ÷ 18
9. 450 ÷ 75
10. 420 ÷ 28

11. 533 ÷ 13
12. 864 ÷ 18
13. 195 ÷ 39
14. 280 ÷ 70
15. 456 ÷ 76

16. 215 ÷ 43
17. 210 ÷ 70
18. 775 ÷ 31
19. 516 ÷ 86
20. 180 ÷ 20

21. 690 ÷ 10
22. 564 ÷ 12
23. 140 ÷ 20
24. 528 ÷ 66
25. 570 ÷ 15

26. 329 ÷ 47
27. 837 ÷ 93
28. 686 ÷ 98
29. 150 ÷ 50
30. 759 ÷ 23

31. 348 ÷ 87
32. 576 ÷ 18
33. 660 ÷ 66
34. 756 ÷ 12
35. 285 ÷ 19

Division Exercise
(3-Digit)

1. 360 ÷ 45

2. 184 ÷ 92

3. 420 ÷ 42

4. 354 ÷ 59

5. 702 ÷ 39

6. 871 ÷ 67

7. 858 ÷ 66

8. 468 ÷ 12

9. 297 ÷ 99

10. 864 ÷ 54

11. 836 ÷ 38

12. 120 ÷ 24

13. 264 ÷ 24

14. 864 ÷ 18

15. 870 ÷ 87

16. 850 ÷ 85

17. 486 ÷ 81

18. 400 ÷ 80

19. 265 ÷ 53

20. 754 ÷ 58

21. 345 ÷ 69

22. 392 ÷ 56

23. 902 ÷ 22

24. 616 ÷ 77

25. 194 ÷ 97

26. 516 ÷ 43

27. 612 ÷ 51

28. 546 ÷ 42

29. 760 ÷ 38

30. 880 ÷ 55

31. 728 ÷ 52

32. 204 ÷ 68

33. 420 ÷ 60

34. 852 ÷ 71

35. 855 ÷ 95

Division Exercise
(3-Digit)

1. 552 ÷ 92
2. 345 ÷ 69
3. 726 ÷ 33
4. 316 ÷ 79
5. 832 ÷ 64

6. 492 ÷ 12
7. 279 ÷ 93
8. 657 ÷ 73
9. 316 ÷ 79
10. 708 ÷ 59

11. 192 ÷ 12
12. 798 ÷ 57
13. 168 ÷ 42
14. 888 ÷ 74
15. 368 ÷ 23

16. 616 ÷ 77
17. 295 ÷ 59
18. 648 ÷ 54
19. 864 ÷ 27
20. 292 ÷ 73

21. 120 ÷ 60
22. 672 ÷ 32
23. 582 ÷ 97
24. 450 ÷ 15
25. 704 ÷ 11

26. 504 ÷ 63
27. 140 ÷ 35
28. 174 ÷ 87
29. 152 ÷ 38
30. 480 ÷ 96

31. 864 ÷ 48
32. 408 ÷ 68
33. 440 ÷ 44
34. 752 ÷ 94
35. 648 ÷ 72

Division Exercise
(3-Digit)

1. 416 ÷ 32
2. 840 ÷ 30
3. 828 ÷ 92
4. 174 ÷ 58
5. 923 ÷ 71

6. 702 ÷ 54
7. 304 ÷ 76
8. 530 ÷ 53
9. 728 ÷ 91
10. 570 ÷ 10

11. 310 ÷ 62
12. 276 ÷ 12
13. 201 ÷ 67
14. 483 ÷ 69
15. 370 ÷ 37

16. 912 ÷ 16
17. 336 ÷ 28
18. 255 ÷ 85
19. 816 ÷ 12
20. 750 ÷ 30

21. 756 ÷ 36
22. 220 ÷ 20
23. 374 ÷ 34
24. 138 ÷ 69
25. 768 ÷ 64

26. 295 ÷ 59
27. 611 ÷ 47
28. 846 ÷ 47
29. 430 ÷ 86
30. 660 ÷ 66

31. 637 ÷ 49
32. 532 ÷ 19
33. 355 ÷ 71
34. 300 ÷ 75
35. 462 ÷ 66

Division Exercise
(3-Digit)

82

1. 114 ÷ 57

2. 168 ÷ 84

3. 784 ÷ 56

4. 222 ÷ 74

5. 153 ÷ 51

6. 212 ÷ 53

7. 180 ÷ 60

8. 609 ÷ 87

9. 819 ÷ 91

10. 369 ÷ 41

11. 760 ÷ 40

12. 726 ÷ 66

13. 884 ÷ 52

14. 570 ÷ 38

15. 280 ÷ 70

16. 884 ÷ 52

17. 676 ÷ 26

18. 780 ÷ 52

19. 832 ÷ 64

20. 462 ÷ 77

21. 464 ÷ 29

22. 418 ÷ 19

23. 512 ÷ 64

24. 126 ÷ 42

25. 645 ÷ 43

26. 207 ÷ 69

27. 155 ÷ 31

28. 340 ÷ 85

29. 795 ÷ 53

30. 525 ÷ 35

31. 795 ÷ 15

32. 504 ÷ 63

33. 243 ÷ 27

34. 663 ÷ 13

35. 256 ÷ 64

Division Exercise
(3-Digit)

83

1. 264 ÷ 12
2. 777 ÷ 37
3. 832 ÷ 26
4. 416 ÷ 52
5. 138 ÷ 69

6. 240 ÷ 80
7. 162 ÷ 81
8. 540 ÷ 15
9. 803 ÷ 73
10. 360 ÷ 40

11. 672 ÷ 56
12. 710 ÷ 71
13. 775 ÷ 25
14. 249 ÷ 83
15. 665 ÷ 35

16. 360 ÷ 18
17. 198 ÷ 99
18. 924 ÷ 14
19. 285 ÷ 95
20. 912 ÷ 38

21. 372 ÷ 93
22. 406 ÷ 14
23. 413 ÷ 59
24. 781 ÷ 71
25. 546 ÷ 91

26. 288 ÷ 48
27. 712 ÷ 89
28. 118 ÷ 59
29. 570 ÷ 95
30. 162 ÷ 81

31. 166 ÷ 83
32. 164 ÷ 82
33. 240 ÷ 80
34. 684 ÷ 38
35. 790 ÷ 79

Division Exercise
(3-Digit)

1. 656 ÷ 82
2. 392 ÷ 98
3. 539 ÷ 77
4. 676 ÷ 52
5. 390 ÷ 65

6. 546 ÷ 78
7. 651 ÷ 93
8. 882 ÷ 21
9. 720 ÷ 24
10. 200 ÷ 20

11. 624 ÷ 52
12. 711 ÷ 79
13. 828 ÷ 69
14. 300 ÷ 75
15. 666 ÷ 37

16. 650 ÷ 50
17. 273 ÷ 21
18. 672 ÷ 84
19. 532 ÷ 76
20. 288 ÷ 16

21. 330 ÷ 33
22. 390 ÷ 78
23. 365 ÷ 73
24. 255 ÷ 85
25. 780 ÷ 20

26. 196 ÷ 28
27. 320 ÷ 80
28. 176 ÷ 88
29. 435 ÷ 29
30. 525 ÷ 75

31. 116 ÷ 29
32. 740 ÷ 74
33. 833 ÷ 49
34. 486 ÷ 18
35. 259 ÷ 37

Division Exercise
(3-Digit)

85

1. 430 ÷ 43
2. 380 ÷ 95
3. 572 ÷ 44
4. 620 ÷ 62
5. 779 ÷ 41

6. 768 ÷ 96
7. 345 ÷ 15
8. 620 ÷ 10
9. 469 ÷ 67
10. 850 ÷ 17

11. 663 ÷ 39
12. 189 ÷ 63
13. 850 ÷ 34
14. 299 ÷ 23
15. 392 ÷ 98

16. 216 ÷ 36
17. 190 ÷ 95
18. 340 ÷ 85
19. 497 ÷ 71
20. 740 ÷ 74

21. 672 ÷ 24
22. 282 ÷ 94
23. 620 ÷ 62
24. 726 ÷ 66
25. 230 ÷ 23

26. 188 ÷ 47
27. 650 ÷ 65
28. 198 ÷ 99
29. 871 ÷ 67
30. 630 ÷ 45

31. 637 ÷ 91
32. 846 ÷ 94
33. 598 ÷ 26
34. 476 ÷ 17
35. 847 ÷ 77

Division Exercise
(3-Digit)

1. 429 ÷ 33

2. 445 ÷ 89

3. 494 ÷ 38

4. 405 ÷ 45

5. 780 ÷ 78

6. 330 ÷ 55

7. 608 ÷ 76

8. 630 ÷ 45

9. 405 ÷ 45

10. 186 ÷ 31

11. 432 ÷ 72

12. 517 ÷ 47

13. 702 ÷ 13

14. 405 ÷ 81

15. 891 ÷ 81

16. 396 ÷ 18

17. 860 ÷ 20

18. 504 ÷ 28

19. 300 ÷ 60

20. 356 ÷ 89

21. 306 ÷ 34

22. 392 ÷ 56

23. 438 ÷ 73

24. 477 ÷ 53

25. 640 ÷ 64

26. 392 ÷ 98

27. 435 ÷ 87

28. 840 ÷ 70

29. 403 ÷ 31

30. 377 ÷ 29

31. 450 ÷ 75

32. 798 ÷ 42

33. 793 ÷ 61

34. 470 ÷ 94

35. 513 ÷ 19

Division Exercise
(3-Digit)

1. 403 ÷ 13
2. 602 ÷ 86
3. 396 ÷ 44
4. 874 ÷ 23
5. 320 ÷ 80
6. 920 ÷ 46
7. 765 ÷ 85
8. 294 ÷ 14
9. 640 ÷ 40
10. 415 ÷ 83
11. 328 ÷ 82
12. 245 ÷ 49
13. 837 ÷ 31
14. 581 ÷ 83
15. 696 ÷ 58
16. 244 ÷ 61
17. 616 ÷ 56
18. 126 ÷ 18
19. 330 ÷ 66
20. 476 ÷ 34
21. 308 ÷ 14
22. 450 ÷ 90
23. 799 ÷ 17
24. 700 ÷ 50
25. 840 ÷ 42
26. 595 ÷ 85
27. 576 ÷ 48
28. 576 ÷ 48
29. 540 ÷ 27
30. 198 ÷ 22
31. 810 ÷ 81
32. 152 ÷ 38
33. 630 ÷ 63
34. 510 ÷ 30
35. 406 ÷ 58

Division Exercise
(3-Digit)

88

1. 496 ÷ 62
2. 627 ÷ 19
3. 800 ÷ 40
4. 594 ÷ 27
5. 728 ÷ 91

6. 357 ÷ 17
7. 320 ÷ 80
8. 540 ÷ 54
9. 460 ÷ 92
10. 663 ÷ 39

11. 312 ÷ 39
12. 390 ÷ 65
13. 396 ÷ 11
14. 280 ÷ 70
15. 464 ÷ 58

16. 333 ÷ 37
17. 637 ÷ 49
18. 528 ÷ 88
19. 830 ÷ 83
20. 186 ÷ 93

21. 858 ÷ 78
22. 390 ÷ 26
23. 245 ÷ 49
24. 710 ÷ 71
25. 504 ÷ 84

26. 775 ÷ 31
27. 765 ÷ 51
28. 572 ÷ 44
29. 775 ÷ 31
30. 899 ÷ 31

31. 392 ÷ 98
32. 684 ÷ 76
33. 261 ÷ 87
34. 504 ÷ 36
35. 720 ÷ 72

Division Exercise
(3-Digit)

1. 343 ÷ 49
2. 440 ÷ 44
3. 441 ÷ 63
4. 750 ÷ 30
5. 540 ÷ 54

6. 882 ÷ 14
7. 264 ÷ 33
8. 144 ÷ 24
9. 637 ÷ 91
10. 372 ÷ 62

11. 183 ÷ 61
12. 144 ÷ 48
13. 142 ÷ 71
14. 144 ÷ 36
15. 368 ÷ 92

16. 160 ÷ 20
17. 658 ÷ 94
18. 644 ÷ 92
19. 528 ÷ 48
20. 748 ÷ 44

21. 455 ÷ 35
22. 896 ÷ 64
23. 148 ÷ 74
24. 456 ÷ 76
25. 385 ÷ 35

26. 427 ÷ 61
27. 670 ÷ 67
28. 176 ÷ 11
29. 430 ÷ 86
30. 150 ÷ 50

31. 310 ÷ 62
32. 882 ÷ 63
33. 378 ÷ 14
34. 375 ÷ 15
35. 819 ÷ 91

Division Exercise
(3-Digit)

1. 365 ÷ 73
2. 730 ÷ 73
3. 896 ÷ 32
4. 748 ÷ 68
5. 522 ÷ 58

6. 168 ÷ 42
7. 693 ÷ 63
8. 860 ÷ 86
9. 693 ÷ 99
10. 455 ÷ 91

11. 816 ÷ 68
12. 684 ÷ 57
13. 125 ÷ 25
14. 375 ÷ 75
15. 228 ÷ 19

16. 216 ÷ 72
17. 176 ÷ 88
18. 273 ÷ 21
19. 869 ÷ 79
20. 504 ÷ 12

21. 440 ÷ 40
22. 846 ÷ 94
23. 232 ÷ 58
24. 720 ÷ 90
25. 114 ÷ 57

26. 720 ÷ 48
27. 340 ÷ 20
28. 237 ÷ 79
29. 168 ÷ 28
30. 864 ÷ 48

31. 867 ÷ 51
32. 270 ÷ 54
33. 390 ÷ 10
34. 684 ÷ 38
35. 864 ÷ 32

Division Exercise
(3-Digit)

1. 594 ÷ 99

2. 801 ÷ 89

3. 240 ÷ 40

4. 640 ÷ 64

5. 204 ÷ 68

6. 414 ÷ 46

7. 345 ÷ 69

8. 651 ÷ 93

9. 884 ÷ 52

10. 444 ÷ 74

11. 120 ÷ 10

12. 880 ÷ 20

13. 700 ÷ 50

14. 585 ÷ 65

15. 663 ÷ 39

16. 729 ÷ 27

17. 164 ÷ 82

18. 260 ÷ 20

19. 324 ÷ 81

20. 852 ÷ 71

21. 120 ÷ 12

22. 300 ÷ 30

23. 312 ÷ 78

24. 888 ÷ 12

25. 237 ÷ 79

26. 736 ÷ 23

27. 188 ÷ 94

28. 828 ÷ 46

29. 684 ÷ 12

30. 210 ÷ 70

31. 342 ÷ 38

32. 342 ÷ 57

33. 112 ÷ 28

34. 320 ÷ 80

35. 720 ÷ 45

Division Exercise
(3-Digit)

92

1. 696 ÷ 87
2. 228 ÷ 76
3. 504 ÷ 84
4. 594 ÷ 33
5. 812 ÷ 28

6. 178 ÷ 89
7. 201 ÷ 67
8. 672 ÷ 48
9. 570 ÷ 30
10. 500 ÷ 20

11. 588 ÷ 49
12. 164 ÷ 82
13. 660 ÷ 22
14. 460 ÷ 46
15. 261 ÷ 87

16. 880 ÷ 55
17. 495 ÷ 45
18. 240 ÷ 15
19. 264 ÷ 44
20. 258 ÷ 86

21. 480 ÷ 40
22. 372 ÷ 62
23. 460 ÷ 46
24. 261 ÷ 87
25. 693 ÷ 77

26. 804 ÷ 67
27. 142 ÷ 71
28. 561 ÷ 17
29. 360 ÷ 15
30. 576 ÷ 64

31. 650 ÷ 10
32. 750 ÷ 75
33. 663 ÷ 39
34. 252 ÷ 36
35. 444 ÷ 74

Division Exercise
(3-Digit)

1. 228 ÷ 38
2. 884 ÷ 26
3. 486 ÷ 81
4. 504 ÷ 56
5. 689 ÷ 53

6. 310 ÷ 62
7. 522 ÷ 87
8. 754 ÷ 58
9. 230 ÷ 46
10. 365 ÷ 73

11. 340 ÷ 68
12. 476 ÷ 68
13. 648 ÷ 54
14. 830 ÷ 83
15. 756 ÷ 84

16. 138 ÷ 69
17. 440 ÷ 88
18. 292 ÷ 73
19. 144 ÷ 12
20. 600 ÷ 24

21. 264 ÷ 44
22. 356 ÷ 89
23. 924 ÷ 22
24. 372 ÷ 31
25. 126 ÷ 42

26. 136 ÷ 68
27. 418 ÷ 38
28. 672 ÷ 21
29. 207 ÷ 69
30. 658 ÷ 94

31. 696 ÷ 29
32. 728 ÷ 56
33. 720 ÷ 18
34. 300 ÷ 15
35. 595 ÷ 85

Division Exercise
(3-Digit)

1. 552 ÷ 46
2. 268 ÷ 67
3. 460 ÷ 23
4. 748 ÷ 44
5. 300 ÷ 75
6. 632 ÷ 79
7. 192 ÷ 24
8. 250 ÷ 10
9. 174 ÷ 58
10. 256 ÷ 16
11. 840 ÷ 40
12. 630 ÷ 35
13. 469 ÷ 67
14. 375 ÷ 75
15. 174 ÷ 87
16. 451 ÷ 41
17. 700 ÷ 70
18. 848 ÷ 53
19. 627 ÷ 57
20. 216 ÷ 27
21. 405 ÷ 81
22. 159 ÷ 53
23. 408 ÷ 51
24. 588 ÷ 21
25. 276 ÷ 12
26. 783 ÷ 27
27. 440 ÷ 44
28. 525 ÷ 25
29. 371 ÷ 53
30. 348 ÷ 12
31. 584 ÷ 73
32. 580 ÷ 58
33. 304 ÷ 76
34. 897 ÷ 23
35. 576 ÷ 48

Division Exercise
(3-Digit)

95

1. 637 ÷ 91

2. 828 ÷ 46

3. 201 ÷ 67

4. 900 ÷ 15

5. 357 ÷ 51

6. 518 ÷ 74

7. 700 ÷ 70

8. 679 ÷ 97

9. 910 ÷ 65

10. 336 ÷ 84

11. 220 ÷ 44

12. 475 ÷ 95

13. 162 ÷ 81

14. 624 ÷ 78

15. 725 ÷ 29

16. 780 ÷ 60

17. 282 ÷ 94

18. 400 ÷ 40

19. 825 ÷ 55

20. 306 ÷ 17

21. 144 ÷ 48

22. 550 ÷ 25

23. 648 ÷ 72

24. 630 ÷ 45

25. 782 ÷ 34

26. 270 ÷ 54

27. 833 ÷ 49

28. 609 ÷ 29

29. 850 ÷ 85

30. 297 ÷ 27

31. 517 ÷ 47

32. 816 ÷ 48

33. 176 ÷ 88

34. 306 ÷ 18

35. 217 ÷ 31

Division Exercise
(3-Digit)

1. 756 ÷ 54
2. 384 ÷ 96
3. 676 ÷ 52
4. 820 ÷ 41
5. 316 ÷ 79

6. 176 ÷ 16
7. 134 ÷ 67
8. 912 ÷ 76
9. 203 ÷ 29
10. 882 ÷ 63

11. 232 ÷ 58
12. 776 ÷ 97
13. 324 ÷ 27
14. 418 ÷ 19
15. 384 ÷ 32

16. 294 ÷ 98
17. 210 ÷ 42
18. 876 ÷ 73
19. 644 ÷ 92
20. 480 ÷ 15

21. 896 ÷ 56
22. 621 ÷ 69
23. 312 ÷ 52
24. 720 ÷ 90
25. 275 ÷ 55

26. 420 ÷ 42
27. 552 ÷ 92
28. 468 ÷ 52
29. 228 ÷ 76
30. 344 ÷ 86

31. 408 ÷ 24
32. 594 ÷ 54
33. 756 ÷ 84
34. 594 ÷ 99
35. 620 ÷ 62

Division Exercise

(3-Digit)

1. 144 ÷ 48
2. 425 ÷ 85
3. 700 ÷ 25
4. 360 ÷ 72
5. 294 ÷ 42

6. 490 ÷ 70
7. 357 ÷ 51
8. 522 ÷ 18
9. 288 ÷ 72
10. 616 ÷ 28

11. 420 ÷ 84
12. 194 ÷ 97
13. 616 ÷ 88
14. 742 ÷ 53
15. 748 ÷ 22

16. 624 ÷ 39
17. 198 ÷ 66
18. 649 ÷ 59
19. 224 ÷ 16
20. 114 ÷ 57

21. 370 ÷ 74
22. 840 ÷ 70
23. 675 ÷ 75
24. 292 ÷ 73
25. 896 ÷ 56

26. 434 ÷ 62
27. 540 ÷ 45
28. 267 ÷ 89
29. 224 ÷ 28
30. 400 ÷ 80

31. 392 ÷ 56
32. 584 ÷ 73
33. 342 ÷ 19
34. 600 ÷ 12
35. 112 ÷ 56

Division Exercise

(3-Digit)

98

1. 527 ÷ 17

2. 237 ÷ 79

3. 216 ÷ 54

4. 684 ÷ 57

5. 444 ÷ 37

6. 608 ÷ 32

7. 638 ÷ 58

8. 220 ÷ 55

9. 114 ÷ 57

10. 754 ÷ 58

11. 399 ÷ 57

12. 184 ÷ 46

13. 385 ÷ 35

14. 840 ÷ 84

15. 345 ÷ 69

16. 240 ÷ 48

17. 624 ÷ 26

18. 495 ÷ 99

19. 576 ÷ 18

20. 388 ÷ 97

21. 240 ÷ 80

22. 882 ÷ 42

23. 310 ÷ 62

24. 847 ÷ 77

25. 385 ÷ 35

26. 352 ÷ 88

27. 468 ÷ 52

28. 325 ÷ 65

29. 130 ÷ 65

30. 273 ÷ 91

31. 352 ÷ 22

32. 250 ÷ 10

33. 341 ÷ 31

34. 200 ÷ 20

35. 742 ÷ 14

Division Exercise
(3-Digit)

99

1. 520 ÷ 65

2. 536 ÷ 67

3. 348 ÷ 58

4. 686 ÷ 14

5. 450 ÷ 90

6. 168 ÷ 12

7. 558 ÷ 18

8. 369 ÷ 41

9. 236 ÷ 59

10. 529 ÷ 23

11. 261 ÷ 29

12. 384 ÷ 32

13. 456 ÷ 24

14. 536 ÷ 67

15. 495 ÷ 45

16. 549 ÷ 61

17. 480 ÷ 60

18. 147 ÷ 49

19. 700 ÷ 35

20. 135 ÷ 27

21. 128 ÷ 32

22. 360 ÷ 60

23. 658 ÷ 94

24. 504 ÷ 42

25. 558 ÷ 62

26. 475 ÷ 95

27. 392 ÷ 98

28. 792 ÷ 36

29. 534 ÷ 89

30. 455 ÷ 65

31. 456 ÷ 76

32. 122 ÷ 61

33. 660 ÷ 66

34. 564 ÷ 94

35. 495 ÷ 15

Division Exercise
(3-Digit)

100

1. 480 ÷ 30
2. 403 ÷ 31
3. 684 ÷ 18
4. 189 ÷ 63
5. 741 ÷ 57

6. 195 ÷ 13
7. 400 ÷ 50
8. 870 ÷ 87
9. 413 ÷ 59
10. 656 ÷ 82

11. 896 ÷ 28
12. 637 ÷ 91
13. 464 ÷ 58
14. 246 ÷ 82
15. 682 ÷ 31

16. 846 ÷ 94
17. 540 ÷ 54
18. 680 ÷ 20
19. 756 ÷ 63
20. 351 ÷ 39

21. 760 ÷ 10
22. 880 ÷ 88
23. 126 ÷ 63
24. 770 ÷ 70
25. 336 ÷ 56

26. 276 ÷ 23
27. 792 ÷ 44
28. 395 ÷ 79
29. 594 ÷ 33
30. 680 ÷ 20

31. 693 ÷ 63
32. 432 ÷ 72
33. 525 ÷ 21
34. 735 ÷ 49
35. 855 ÷ 57

Numbers Unleashed

Part Of The MindMasters Learning Series

By VWGBooks

Answers

Pages: 101 - 127

VWG BOOKS
Independent Publisher

ISBN: 9798875571183

Copyright © 2024 VWGBooks
All rights reserved.

Answers

1-4

1. 124 × 57 = 7,068	2. 167 × 50 = 8,350	3. 739 × 13 = 9,607	4. 137 × 14 = 1,918	5. 171 × 51 = 8,721
6. 213 × 45 = 9,585	7. 276 × 24 = 6,624	8. 247 × 35 = 8,645	9. 339 × 29 = 9,831	10. 290 × 26 = 7,540
11. 201 × 34 = 6,834	12. 206 × 36 = 7,416	13. 218 × 17 = 3,706	14. 659 × 14 = 9,226	15. 534 × 17 = 9,078
16. 860 × 10 = 8,600	17. 171 × 51 = 8,721	18. 120 × 56 = 6,720	19. 554 × 10 = 5,540	20. 137 × 63 = 8,631
21. 206 × 10 = 2,060	22. 539 × 18 = 9,702	23. 194 × 19 = 3,686	24. 113 × 69 = 7,797	25. 189 × 46 = 8,694
26. 335 × 22 = 7,370	27. 118 × 59 = 6,962	28. 122 × 37 = 4,514	29. 407 × 16 = 6,512	30. 306 × 23 = 7,038
31. 690 × 11 = 7,590	32. 169 × 33 = 5,577	33. 226 × 23 = 5,198	34. 128 × 73 = 9,344	35. 191 × 13 = 2,483

1. 112 × 77 = 8,624	2. 197 × 18 = 3,546	3. 682 × 14 = 9,548	4. 413 × 12 = 4,956	5. 310 × 11 = 3,410
6. 437 × 21 = 9,177	7. 252 × 12 = 3,024	8. 345 × 15 = 5,175	9. 462 × 17 = 7,854	10. 498 × 15 = 7,470
11. 514 × 19 = 9,766	12. 506 × 18 = 9,108	13. 167 × 44 = 7,348	14. 134 × 18 = 2,412	15. 150 × 24 = 3,600
16. 206 × 15 = 3,090	17. 703 × 10 = 7,030	18. 204 × 26 = 5,304	19. 150 × 40 = 6,000	20. 155 × 11 = 1,705
21. 205 × 11 = 2,255	22. 221 × 38 = 8,398	23. 226 × 19 = 4,294	24. 368 × 27 = 9,936	25. 113 × 77 = 8,701
26. 525 × 12 = 6,300	27. 346 × 16 = 5,536	28. 260 × 29 = 7,540	29. 329 × 19 = 6,251	30. 212 × 42 = 8,904
31. 470 × 16 = 7,520	32. 234 × 13 = 3,042	33. 807 × 10 = 8,070	34. 303 × 23 = 6,969	35. 135 × 63 = 8,505

1. 195 × 27 = 5,265	2. 649 × 13 = 8,437	3. 217 × 35 = 7,595	4. 115 × 77 = 8,855	5. 253 × 17 = 4,301
6. 126 × 72 = 9,072	7. 196 × 38 = 7,448	8. 186 × 22 = 4,092	9. 138 × 20 = 2,760	10. 174 × 44 = 7,656
11. 370 × 17 = 6,290	12. 527 × 12 = 6,324	13. 324 × 20 = 6,480	14. 337 × 18 = 6,066	15. 166 × 35 = 5,810
16. 287 × 15 = 4,305	17. 118 × 83 = 9,794	18. 139 × 29 = 4,031	19. 223 × 33 = 7,359	20. 247 × 31 = 7,657
21. 370 × 21 = 7,770	22. 204 × 32 = 6,528	23. 139 × 24 = 3,336	24. 381 × 24 = 9,144	25. 115 × 56 = 6,440
26. 150 × 50 = 7,500	27. 387 × 18 = 6,966	28. 612 × 14 = 8,568	29. 426 × 22 = 9,372	30. 211 × 47 = 9,917
31. 147 × 53 = 7,791	32. 479 × 18 = 8,622	33. 643 × 14 = 9,002	34. 285 × 24 = 6,840	35. 575 × 14 = 8,050

1. 645 × 15 = 9,675	2. 864 × 10 = 8,640	3. 135 × 35 = 4,725	4. 510 × 19 = 9,690	5. 228 × 29 = 6,612
6. 406 × 23 = 9,338	7. 348 × 18 = 6,264	8. 201 × 29 = 5,829	9. 212 × 15 = 3,180	10. 586 × 11 = 6,446
11. 216 × 41 = 8,856	12. 698 × 13 = 9,074	13. 142 × 45 = 6,390	14. 280 × 32 = 8,960	15. 270 × 26 = 7,020
16. 356 × 26 = 9,256	17. 328 × 29 = 9,512	18. 180 × 30 = 5,400	19. 119 × 10 = 1,190	20. 254 × 36 = 9,144
21. 265 × 10 = 2,650	22. 134 × 41 = 5,494	23. 242 × 24 = 5,808	24. 263 × 35 = 9,205	25. 178 × 31 = 5,518
26. 152 × 60 = 9,120	27. 660 × 12 = 7,920	28. 142 × 70 = 9,940	29. 219 × 17 = 3,723	30. 124 × 39 = 4,836
31. 328 × 19 = 6,232	32. 333 × 16 = 5,328	33. 124 × 39 = 4,836	34. 145 × 61 = 8,845	35. 337 × 19 = 6,403

Answers

5-8

1.	714	× 11	7,854
2.	218	× 21	4,578
3.	114	× 66	7,524
4.	626	× 14	8,764
5.	356	× 14	4,984
6.	389	× 16	6,224
7.	120	× 31	3,720
8.	141	× 24	3,384
9.	714	× 11	7,854
10.	862	× 11	9,482
11.	123	× 79	9,717
12.	256	× 35	8,960
13.	243	× 17	4,131
14.	157	× 46	7,222
15.	111	× 26	2,886
16.	138	× 27	3,726
17.	286	× 34	9,724
18.	604	× 15	9,060
19.	332	× 29	9,628
20.	118	× 72	8,496
21.	177	× 48	8,496
22.	257	× 11	2,827
23.	354	× 22	7,788
24.	252	× 32	8,064
25.	192	× 34	6,528
26.	278	× 21	5,838
27.	263	× 22	5,786
28.	316	× 20	6,320
29.	143	× 41	5,863
30.	181	× 52	9,412
31.	178	× 39	6,942
32.	141	× 16	2,256
33.	225	× 28	6,300
34.	327	× 15	4,905
35.	772	× 10	7,720

1.	179	× 28	5,012
2.	140	× 55	7,700
3.	665	× 13	8,645
4.	127	× 20	2,540
5.	360	× 26	9,360
6.	247	× 10	2,470
7.	190	× 14	2,660
8.	426	× 18	7,668
9.	253	× 35	8,855
10.	194	× 48	9,312
11.	804	× 11	8,844
12.	151	× 63	9,513
13.	399	× 21	8,379
14.	324	× 19	6,156
15.	221	× 26	5,746
16.	126	× 76	9,576
17.	161	× 62	9,982
18.	636	× 11	6,996
19.	348	× 21	7,308
20.	274	× 15	4,110
21.	154	× 25	3,850
22.	168	× 53	8,904
23.	188	× 24	4,512
24.	133	× 18	2,394
25.	156	× 10	1,560
26.	376	× 19	7,144
27.	374	× 16	5,984
28.	555	× 12	6,660
29.	695	× 13	9,035
30.	138	× 57	7,866
31.	277	× 15	4,155
32.	169	× 29	4,901
33.	189	× 22	4,158
34.	191	× 37	7,067
35.	256	× 22	5,632

1.	165	× 30	4,950
2.	369	× 21	7,749
3.	258	× 16	4,128
4.	365	× 11	4,015
5.	287	× 18	5,166
6.	136	× 18	2,448
7.	279	× 24	6,696
8.	373	× 17	6,341
9.	541	× 10	5,410
10.	111	× 65	7,215
11.	826	× 12	9,912
12.	117	× 32	3,744
13.	160	× 27	4,320
14.	468	× 12	5,616
15.	132	× 52	6,864
16.	120	× 24	2,880
17.	638	× 15	9,570
18.	459	× 20	9,180
19.	191	× 19	3,629
20.	200	× 25	5,000
21.	169	× 26	4,394
22.	316	× 10	3,160
23.	450	× 13	5,850
24.	491	× 11	5,401
25.	226	× 10	2,260
26.	241	× 23	5,543
27.	139	× 58	8,062
28.	316	× 23	7,268
29.	423	× 16	6,768
30.	136	× 26	3,536
31.	136	× 70	9,520
32.	213	× 22	4,686
33.	181	× 45	8,145
34.	277	× 24	6,648
35.	461	× 19	8,759

1.	217	× 17	3,689
2.	389	× 20	7,780
3.	206	× 42	8,652
4.	337	× 27	9,099
5.	695	× 14	9,730
6.	210	× 17	3,570
7.	652	× 11	7,172
8.	175	× 44	7,700
9.	145	× 18	2,610
10.	434	× 15	6,510
11.	134	× 19	2,546
12.	229	× 26	5,954
13.	701	× 13	9,113
14.	270	× 32	8,640
15.	119	× 52	6,188
16.	227	× 23	5,221
17.	639	× 12	7,668
18.	171	× 16	2,736
19.	149	× 40	5,960
20.	694	× 11	7,634
21.	153	× 34	5,202
22.	351	× 13	4,563
23.	172	× 57	9,804
24.	249	× 16	3,984
25.	193	× 49	9,457
26.	152	× 52	7,904
27.	244	× 10	2,440
28.	584	× 16	9,344
29.	144	× 22	3,168
30.	906	× 11	9,966
31.	883	× 11	9,713
32.	274	× 11	3,014
33.	312	× 19	5,928
34.	295	× 31	9,145
35.	187	× 45	8,415

Answers

9-12

1. 154 × 16 2,464	2. 404 × 16 6,464	3. 361 × 18 6,498	4. 294 × 13 3,822	5. 888 × 11 9,768
6. 248 × 22 5,456	7. 292 × 20 5,840	8. 204 × 13 2,652	9. 326 × 18 5,868	10. 345 × 16 5,520
11. 209 × 34 7,106	12. 124 × 54 6,696	13. 128 × 71 9,088	14. 174 × 33 5,742	15. 603 × 10 6,030
16. 127 × 35 4,445	17. 156 × 49 7,644	18. 900 × 11 9,900	19. 430 × 18 7,740	20. 246 × 38 9,348
21. 116 × 63 7,308	22. 768 × 12 9,216	23. 471 × 12 5,652	24. 491 × 16 7,856	25. 163 × 60 9,780
26. 141 × 40 5,640	27. 111 × 19 2,109	28. 501 × 17 8,517	29. 381 × 21 8,001	30. 124 × 11 1,364
31. 135 × 55 7,425	32. 174 × 37 6,438	33. 189 × 35 6,615	34. 191 × 20 3,820	35. 178 × 24 4,272

1. 165 × 52 8,580	2. 117 × 22 2,574	3. 266 × 10 2,660	4. 362 × 21 7,602	5. 246 × 11 2,706
6. 127 × 23 2,921	7. 226 × 24 5,424	8. 115 × 60 6,900	9. 124 × 70 8,680	10. 139 × 10 1,390
11. 149 × 25 3,725	12. 257 × 27 6,939	13. 209 × 26 5,434	14. 137 × 14 1,918	15. 612 × 14 8,568
16. 406 × 10 4,060	17. 280 × 33 9,240	18. 222 × 45 9,990	19. 168 × 57 9,576	20. 120 × 22 2,640
21. 375 × 21 7,875	22. 181 × 53 9,593	23. 379 × 10 3,790	24. 156 × 12 1,872	25. 210 × 43 9,030
26. 229 × 36 8,244	27. 117 × 11 1,287	28. 254 × 24 6,096	29. 152 × 48 7,296	30. 169 × 56 9,464
31. 238 × 38 9,044	32. 133 × 49 6,517	33. 339 × 29 9,831	34. 271 × 17 4,607	35. 677 × 11 7,447

1. 583 × 10 5,830	2. 263 × 27 7,101	3. 118 × 81 9,558	4. 342 × 24 8,208	5. 494 × 13 6,422
6. 205 × 29 5,945	7. 426 × 17 7,242	8. 216 × 15 3,240	9. 354 × 12 4,248	10. 118 × 45 5,310
11. 208 × 10 2,080	12. 133 × 36 4,788	13. 129 × 56 7,224	14. 225 × 33 7,425	15. 259 × 28 7,252
16. 266 × 15 3,990	17. 118 × 23 2,714	18. 114 × 41 4,674	19. 353 × 12 4,236	20. 135 × 49 6,615
21. 320 × 12 3,840	22. 242 × 41 9,922	23. 181 × 37 6,697	24. 163 × 58 9,454	25. 362 × 21 7,602
26. 498 × 11 5,478	27. 212 × 45 9,540	28. 453 × 10 4,530	29. 251 × 28 7,028	30. 113 × 68 7,684
31. 142 × 49 6,958	32. 627 × 13 8,151	33. 326 × 30 9,780	34. 421 × 15 6,315	35. 149 × 55 8,195

1. 130 × 71 9,230	2. 633 × 10 6,330	3. 146 × 15 2,190	4. 173 × 19 3,287	5. 184 × 44 8,096
6. 166 × 10 1,660	7. 882 × 10 8,820	8. 214 × 37 7,918	9. 648 × 13 8,424	10. 146 × 66 9,636
11. 219 × 12 2,628	12. 288 × 24 6,912	13. 183 × 21 3,843	14. 141 × 25 3,525	15. 151 × 34 5,134
16. 770 × 12 9,240	17. 161 × 33 5,313	18. 118 × 64 7,552	19. 203 × 17 3,451	20. 289 × 18 5,202
21. 168 × 17 2,856	22. 289 × 25 7,225	23. 135 × 19 2,565	24. 536 × 18 9,648	25. 665 × 12 7,980
26. 140 × 68 9,520	27. 124 × 32 3,968	28. 228 × 39 8,892	29. 365 × 15 5,475	30. 170 × 27 4,590
31. 439 × 10 4,390	32. 431 × 21 9,051	33. 118 × 16 1,888	34. 149 × 50 7,450	35. 185 × 35 6,475

Answers

13-16

1. 185 × 25 = 4,625	2. 301 × 14 = 4,214	3. 249 × 14 = 3,486	4. 328 × 24 = 7,872	5. 116 × 42 = 4,872
6. 148 × 25 = 3,700	7. 319 × 25 = 7,975	8. 427 × 15 = 6,405	9. 163 × 27 = 4,401	10. 239 × 40 = 9,560
11. 193 × 42 = 8,106	12. 316 × 23 = 7,268	13. 173 × 50 = 8,650	14. 160 × 22 = 3,520	15. 565 × 14 = 7,910
16. 227 × 28 = 6,356	17. 310 × 15 = 4,650	18. 124 × 74 = 9,176	19. 265 × 32 = 8,480	20. 253 × 18 = 4,554
21. 272 × 15 = 4,080	22. 173 × 31 = 5,363	23. 480 × 16 = 7,680	24. 184 × 46 = 8,464	25. 384 × 17 = 6,528
26. 324 × 19 = 6,156	27. 118 × 55 = 6,490	28. 376 × 18 = 6,768	29. 179 × 33 = 5,907	30. 794 × 12 = 9,528
31. 253 × 31 = 7,843	32. 741 × 11 = 8,151	33. 123 × 37 = 4,551	34. 629 × 10 = 6,290	35. 407 × 12 = 4,884

1. 502 × 12 = 6,024	2. 158 × 55 = 8,690	3. 179 × 26 = 4,654	4. 118 × 44 = 5,192	5. 185 × 18 = 3,330
6. 156 × 52 = 8,112	7. 266 × 23 = 6,118	8. 114 × 11 = 1,254	9. 138 × 24 = 3,312	10. 139 × 55 = 7,645
11. 423 × 16 = 6,768	12. 189 × 15 = 2,835	13. 324 × 26 = 8,424	14. 169 × 14 = 2,366	15. 153 × 51 = 7,803
16. 385 × 16 = 6,160	17. 520 × 12 = 6,240	18. 127 × 36 = 4,572	19. 206 × 32 = 6,592	20. 242 × 12 = 2,904
21. 365 × 18 = 6,570	22. 213 × 11 = 2,343	23. 441 × 16 = 7,056	24. 633 × 12 = 7,596	25. 219 × 13 = 2,847
26. 396 × 10 = 3,960	27. 326 × 17 = 5,542	28. 507 × 17 = 8,619	29. 622 × 15 = 9,330	30. 214 × 43 = 9,202
31. 235 × 14 = 3,290	32. 164 × 39 = 6,396	33. 117 × 71 = 8,307	34. 385 × 18 = 6,930	35. 415 × 14 = 5,810

1. 402 × 10 = 4,020	2. 712 × 10 = 7,120	3. 141 × 26 = 3,666	4. 416 × 20 = 8,320	5. 314 × 30 = 9,420
6. 255 × 18 = 4,590	7. 262 × 10 = 2,620	8. 346 × 23 = 7,958	9. 301 × 31 = 9,331	10. 186 × 47 = 8,742
11. 157 × 52 = 8,164	12. 786 × 10 = 7,860	13. 772 × 11 = 8,492	14. 148 × 33 = 4,884	15. 475 × 15 = 7,125
16. 345 × 13 = 4,485	17. 251 × 30 = 7,530	18. 218 × 19 = 4,142	19. 304 × 22 = 6,688	20. 131 × 22 = 2,882
21. 205 × 14 = 2,870	22. 211 × 17 = 3,587	23. 260 × 38 = 9,880	24. 378 × 15 = 5,670	25. 142 × 46 = 6,532
26. 531 × 14 = 7,434	27. 152 × 35 = 5,320	28. 252 × 29 = 7,308	29. 240 × 22 = 5,280	30. 141 × 17 = 2,397
31. 121 × 74 = 8,954	32. 195 × 12 = 2,340	33. 135 × 36 = 4,860	34. 150 × 39 = 5,850	35. 140 × 22 = 3,080

1. 126 × 77 = 9,702	2. 294 × 28 = 8,232	3. 129 × 21 = 2,709	4. 164 × 17 = 2,788	5. 134 × 32 = 4,288
6. 126 × 58 = 7,308	7. 296 × 32 = 9,472	8. 133 × 11 = 1,463	9. 484 × 16 = 7,744	10. 782 × 10 = 7,820
11. 263 × 29 = 7,627	12. 238 × 37 = 8,806	13. 197 × 33 = 6,501	14. 437 × 19 = 8,303	15. 117 × 79 = 9,243
16. 129 × 23 = 2,967	17. 152 × 35 = 5,320	18. 393 × 23 = 9,039	19. 291 × 14 = 4,074	20. 382 × 16 = 6,112
21. 277 × 32 = 8,864	22. 300 × 26 = 7,800	23. 253 × 16 = 4,048	24. 310 × 13 = 4,030	25. 135 × 12 = 1,620
26. 202 × 15 = 3,030	27. 541 × 14 = 7,574	28. 127 × 64 = 8,128	29. 290 × 27 = 7,830	30. 188 × 15 = 2,820
31. 296 × 14 = 4,144	32. 257 × 38 = 9,766	33. 225 × 27 = 6,075	34. 593 × 14 = 8,302	35. 269 × 16 = 4,304

Answers

17-20

1. 281 × 22 = 6,182	2. 350 × 17 = 5,950	3. 123 × 59 = 7,257	4. 481 × 15 = 7,215	5. 170 × 29 = 4,930
6. 115 × 73 = 8,395	7. 424 × 16 = 6,784	8. 150 × 20 = 3,000	9. 191 × 49 = 9,359	10. 149 × 37 = 5,513
11. 419 × 13 = 5,447	12. 151 × 23 = 3,473	13. 167 × 20 = 3,340	14. 209 × 17 = 3,553	15. 253 × 36 = 9,108
16. 315 × 24 = 7,560	17. 131 × 67 = 8,777	18. 322 × 18 = 5,796	19. 128 × 67 = 8,576	20. 231 × 14 = 3,234
21. 128 × 47 = 6,016	22. 155 × 31 = 4,805	23. 451 × 12 = 5,412	24. 653 × 11 = 7,183	25. 526 × 19 = 9,994
26. 186 × 16 = 2,976	27. 361 × 23 = 8,303	28. 198 × 11 = 2,178	29. 201 × 29 = 5,829	30. 356 × 21 = 7,476
31. 158 × 23 = 3,634	32. 197 × 44 = 8,668	33. 524 × 19 = 9,956	34. 834 × 11 = 9,174	35. 819 × 12 = 9,828

1. 384 × 13 = 4,992	2. 233 × 12 = 2,796	3. 739 × 11 = 8,129	4. 336 × 22 = 7,392	5. 278 × 10 = 2,780
6. 189 × 10 = 1,890	7. 258 × 17 = 4,386	8. 186 × 18 = 3,348	9. 283 × 14 = 3,962	10. 568 × 17 = 9,656
11. 218 × 35 = 7,630	12. 237 × 20 = 4,740	13. 168 × 38 = 6,384	14. 401 × 13 = 5,213	15. 349 × 12 = 4,188
16. 155 × 63 = 9,765	17. 290 × 15 = 4,350	18. 424 × 11 = 4,664	19. 471 × 15 = 7,065	20. 210 × 12 = 2,520
21. 168 × 59 = 9,912	22. 205 × 10 = 2,050	23. 328 × 29 = 9,512	24. 115 × 66 = 7,590	25. 150 × 55 = 8,250
26. 927 × 10 = 9,270	27. 472 × 15 = 7,080	28. 343 × 24 = 8,232	29. 260 × 17 = 4,420	30. 285 × 29 = 8,265
31. 371 × 10 = 3,710	32. 276 × 24 = 6,624	33. 235 × 18 = 4,230	34. 176 × 32 = 5,632	35. 590 × 12 = 7,080

1. 613 × 15 = 9,195	2. 268 × 32 = 8,576	3. 720 × 13 = 9,360	4. 154 × 27 = 4,158	5. 896 × 10 = 8,960
6. 188 × 36 = 6,768	7. 116 × 57 = 6,612	8. 118 × 28 = 3,304	9. 160 × 56 = 8,960	10. 442 × 14 = 6,188
11. 310 × 31 = 9,610	12. 266 × 32 = 8,512	13. 618 × 10 = 6,180	14. 212 × 13 = 2,756	15. 572 × 15 = 8,580
16. 242 × 40 = 9,680	17. 368 × 21 = 7,728	18. 217 × 34 = 7,378	19. 193 × 33 = 6,369	20. 350 × 27 = 9,450
21. 146 × 25 = 3,650	22. 499 × 14 = 6,986	23. 139 × 47 = 6,533	24. 263 × 24 = 6,312	25. 744 × 13 = 9,672
26. 118 × 27 = 3,186	27. 570 × 12 = 6,840	28. 251 × 29 = 7,279	29. 803 × 12 = 9,636	30. 121 × 80 = 9,680
31. 213 × 22 = 4,686	32. 231 × 29 = 6,699	33. 244 × 40 = 9,760	34. 409 × 21 = 8,589	35. 111 × 51 = 5,661

1. 131 × 25 = 3,275	2. 462 × 11 = 5,082	3. 145 × 51 = 7,395	4. 449 × 20 = 8,980	5. 517 × 17 = 8,789
6. 351 × 23 = 8,073	7. 507 × 13 = 6,591	8. 439 × 18 = 7,902	9. 352 × 10 = 3,520	10. 207 × 31 = 6,417
11. 126 × 34 = 4,284	12. 127 × 52 = 6,604	13. 308 × 31 = 9,548	14. 152 × 16 = 2,432	15. 202 × 15 = 3,030
16. 161 × 33 = 5,313	17. 496 × 20 = 9,920	18. 172 × 26 = 4,472	19. 554 × 17 = 9,418	20. 235 × 30 = 7,050
21. 292 × 29 = 8,468	22. 152 × 35 = 5,320	23. 398 × 13 = 5,174	24. 118 × 59 = 6,962	25. 299 × 33 = 9,867
26. 330 × 26 = 8,580	27. 418 × 22 = 9,196	28. 111 × 66 = 7,326	29. 142 × 25 = 3,550	30. 209 × 33 = 6,897
31. 251 × 25 = 6,275	32. 607 × 14 = 8,498	33. 214 × 19 = 4,066	34. 194 × 41 = 7,954	35. 313 × 18 = 5,634

Answers

21-24

1. 135 × 31 = 4,185	2. 280 × 13 = 3,640	3. 287 × 29 = 8,323	4. 500 × 17 = 8,500	5. 281 × 23 = 6,463
6. 185 × 14 = 2,590	7. 785 × 12 = 9,420	8. 146 × 49 = 7,154	9. 125 × 54 = 6,750	10. 427 × 20 = 8,540
11. 181 × 44 = 7,964	12. 486 × 13 = 6,318	13. 212 × 44 = 9,328	14. 894 × 10 = 8,940	15. 510 × 15 = 7,650
16. 353 × 13 = 4,589	17. 189 × 27 = 5,103	18. 354 × 15 = 5,310	19. 165 × 42 = 6,930	20. 163 × 57 = 9,291
21. 444 × 14 = 6,216	22. 547 × 15 = 8,205	23. 160 × 10 = 1,600	24. 112 × 46 = 5,152	25. 295 × 30 = 8,850
26. 184 × 47 = 8,648	27. 172 × 13 = 2,236	28. 128 × 48 = 6,144	29. 162 × 55 = 8,910	30. 186 × 32 = 5,952
31. 197 × 39 = 7,683	32. 186 × 31 = 5,766	33. 207 × 44 = 9,108	34. 382 × 25 = 9,550	35. 428 × 13 = 5,564

1. 794 × 10 = 7,940	2. 267 × 31 = 8,277	3. 126 × 19 = 2,394	4. 343 × 17 = 5,831	5. 257 × 35 = 8,995
6. 142 × 54 = 7,668	7. 584 × 17 = 9,928	8. 543 × 12 = 6,516	9. 233 × 14 = 3,262	10. 315 × 13 = 4,095
11. 151 × 48 = 7,248	12. 261 × 28 = 7,308	13. 500 × 11 = 5,500	14. 298 × 11 = 3,278	15. 196 × 36 = 7,056
16. 489 × 20 = 9,780	17. 575 × 12 = 6,900	18. 311 × 12 = 3,732	19. 382 × 12 = 4,584	20. 217 × 38 = 8,246
21. 190 × 21 = 3,990	22. 265 × 29 = 7,685	23. 676 × 10 = 6,760	24. 500 × 15 = 7,500	25. 321 × 29 = 9,309
26. 177 × 47 = 8,319	27. 114 × 12 = 1,368	28. 382 × 18 = 6,876	29. 292 × 12 = 3,504	30. 349 × 13 = 4,537
31. 235 × 11 = 2,585	32. 122 × 61 = 7,442	33. 136 × 34 = 4,624	34. 405 × 13 = 5,265	35. 161 × 54 = 8,694

1. 296 × 17 = 5,032	2. 360 × 26 = 9,360	3. 173 × 27 = 4,671	4. 124 × 59 = 7,316	5. 250 × 16 = 4,000
6. 294 × 21 = 6,174	7. 193 × 37 = 7,141	8. 828 × 10 = 8,280	9. 156 × 49 = 7,644	10. 235 × 32 = 7,520
11. 287 × 13 = 3,731	12. 207 × 21 = 4,347	13. 616 × 14 = 8,624	14. 132 × 34 = 4,488	15. 526 × 16 = 8,416
16. 180 × 10 = 1,800	17. 585 × 13 = 7,605	18. 361 × 19 = 6,859	19. 221 × 35 = 7,735	20. 189 × 42 = 7,938
21. 145 × 41 = 5,945	22. 551 × 11 = 6,061	23. 117 × 36 = 4,212	24. 126 × 28 = 3,528	25. 264 × 16 = 4,224
26. 184 × 44 = 8,096	27. 151 × 56 = 8,456	28. 665 × 11 = 7,315	29. 178 × 24 = 4,272	30. 164 × 50 = 8,200
31. 157 × 33 = 5,181	32. 231 × 39 = 9,009	33. 152 × 61 = 9,272	34. 154 × 15 = 2,310	35. 179 × 36 = 6,444

1. 198 × 48 = 9,504	2. 546 × 13 = 7,098	3. 141 × 35 = 4,935	4. 183 × 32 = 5,856	5. 346 × 14 = 4,844
6. 402 × 15 = 6,030	7. 225 × 11 = 2,475	8. 386 × 23 = 8,878	9. 132 × 38 = 5,016	10. 117 × 69 = 8,073
11. 132 × 28 = 3,696	12. 124 × 58 = 7,192	13. 213 × 40 = 8,520	14. 400 × 14 = 5,600	15. 561 × 10 = 5,610
16. 124 × 13 = 1,612	17. 184 × 48 = 8,832	18. 264 × 31 = 8,184	19. 128 × 71 = 9,088	20. 151 × 18 = 2,718
21. 173 × 43 = 7,439	22. 218 × 36 = 7,848	23. 140 × 60 = 8,400	24. 237 × 29 = 6,873	25. 154 × 53 = 8,162
26. 465 × 20 = 9,300	27. 468 × 15 = 7,020	28. 132 × 44 = 5,808	29. 355 × 22 = 7,810	30. 286 × 34 = 9,724
31. 294 × 22 = 6,468	32. 615 × 15 = 9,225	33. 169 × 21 = 3,549	34. 140 × 40 = 5,600	35. 154 × 35 = 5,390

Answers

25-28

1. 131 × 28 = 3,668	2. 509 × 17 = 8,653	3. 112 × 26 = 2,912	4. 247 × 23 = 5,681	5. 115 × 72 = 8,280
6. 637 × 11 = 7,007	7. 237 × 10 = 2,370	8. 430 × 13 = 5,590	9. 128 × 24 = 3,072	10. 254 × 31 = 7,874
11. 559 × 16 = 8,944	12. 255 × 27 = 6,885	13. 799 × 11 = 8,789	14. 307 × 23 = 7,061	15. 434 × 18 = 7,812
16. 116 × 70 = 8,120	17. 145 × 31 = 4,495	18. 637 × 13 = 8,281	19. 578 × 11 = 6,358	20. 407 × 14 = 5,698
21. 197 × 47 = 9,259	22. 273 × 13 = 3,549	23. 142 × 67 = 9,514	24. 487 × 16 = 7,792	25. 392 × 18 = 7,056
26. 366 × 12 = 4,392	27. 396 × 15 = 5,940	28. 176 × 35 = 6,160	29. 354 × 14 = 4,956	30. 355 × 21 = 7,455
31. 249 × 28 = 6,972	32. 160 × 17 = 2,720	33. 113 × 87 = 9,831	34. 204 × 20 = 4,080	35. 146 × 46 = 6,716

1. 142 × 66 = 9,372	2. 281 × 26 = 7,306	3. 778 × 12 = 9,336	4. 470 × 16 = 7,520	5. 195 × 12 = 2,340
6. 643 × 13 = 8,359	7. 469 × 20 = 9,380	8. 407 × 19 = 7,733	9. 434 × 10 = 4,340	10. 233 × 31 = 7,223
11. 381 × 24 = 9,144	12. 112 × 54 = 6,048	13. 211 × 11 = 2,321	14. 188 × 41 = 7,708	15. 118 × 40 = 4,720
16. 373 × 26 = 9,698	17. 113 × 77 = 8,701	18. 234 × 23 = 5,382	19. 574 × 11 = 6,314	20. 310 × 17 = 5,270
21. 183 × 25 = 4,575	22. 273 × 34 = 9,282	23. 607 × 11 = 6,677	24. 153 × 24 = 3,672	25. 493 × 15 = 7,395
26. 487 × 13 = 6,331	27. 578 × 15 = 8,670	28. 182 × 52 = 9,464	29. 318 × 28 = 8,904	30. 514 × 15 = 7,710
31. 199 × 27 = 5,373	32. 147 × 63 = 9,261	33. 142 × 51 = 7,242	34. 324 × 23 = 7,452	35. 489 × 14 = 6,846

1. 163 × 28 = 4,564	2. 232 × 39 = 9,048	3. 129 × 42 = 5,418	4. 169 × 33 = 5,577	5. 575 × 12 = 6,900
6. 137 × 11 = 1,507	7. 218 × 33 = 7,194	8. 126 × 78 = 9,828	9. 233 × 29 = 6,757	10. 353 × 15 = 5,295
11. 455 × 17 = 7,735	12. 164 × 21 = 3,444	13. 140 × 44 = 6,160	14. 596 × 11 = 6,556	15. 386 × 16 = 6,176
16. 347 × 28 = 9,716	17. 445 × 19 = 8,455	18. 418 × 18 = 7,524	19. 338 × 26 = 8,788	20. 112 × 46 = 5,152
21. 354 × 22 = 7,788	22. 120 × 27 = 3,240	23. 177 × 33 = 5,841	24. 639 × 15 = 9,585	25. 563 × 11 = 6,193
26. 455 × 15 = 6,825	27. 504 × 18 = 9,072	28. 403 × 24 = 9,672	29. 627 × 14 = 8,778	30. 138 × 52 = 7,176
31. 515 × 15 = 7,725	32. 491 × 14 = 6,874	33. 287 × 30 = 8,610	34. 901 × 11 = 9,911	35. 132 × 72 = 9,504

1. 196 × 40 = 7,840	2. 243 × 26 = 6,318	3. 445 × 19 = 8,455	4. 212 × 13 = 2,756	5. 386 × 12 = 4,632
6. 119 × 76 = 9,044	7. 164 × 38 = 6,232	8. 835 × 11 = 9,185	9. 468 × 11 = 5,148	10. 113 × 28 = 3,164
11. 300 × 30 = 9,000	12. 160 × 49 = 7,840	13. 466 × 17 = 7,922	14. 277 × 17 = 4,709	15. 142 × 13 = 1,846
16. 588 × 12 = 7,056	17. 204 × 13 = 2,652	18. 168 × 51 = 8,568	19. 135 × 45 = 6,075	20. 216 × 16 = 3,456
21. 114 × 28 = 3,192	22. 340 × 29 = 9,860	23. 438 × 12 = 5,256	24. 119 × 82 = 9,758	25. 291 × 17 = 4,947
26. 188 × 49 = 9,212	27. 278 × 30 = 8,340	28. 220 × 41 = 9,020	29. 118 × 73 = 8,614	30. 221 × 39 = 8,619
31. 151 × 54 = 8,154	32. 204 × 28 = 5,712	33. 140 × 13 = 1,820	34. 116 × 24 = 2,784	35. 133 × 24 = 3,192

Answers

29-32

1. 709 × 14 = 9,926	2. 195 × 48 = 9,360	3. 398 × 18 = 7,164	4. 402 × 10 = 4,020	5. 268 × 12 = 3,216
6. 145 × 19 = 2,755	7. 249 × 27 = 6,723	8. 563 × 12 = 6,756	9. 146 × 17 = 2,482	10. 193 × 39 = 7,527
11. 200 × 10 = 2,000	12. 174 × 14 = 2,436	13. 368 × 13 = 4,784	14. 194 × 41 = 7,954	15. 422 × 20 = 8,440
16. 235 × 15 = 3,525	17. 167 × 25 = 4,175	18. 114 × 44 = 5,016	19. 201 × 15 = 3,015	20. 113 × 31 = 3,503
21. 444 × 15 = 6,660	22. 143 × 61 = 8,723	23. 216 × 21 = 4,536	24. 228 × 21 = 4,788	25. 124 × 32 = 3,968
26. 288 × 10 = 2,880	27. 112 × 29 = 3,248	28. 409 × 14 = 5,726	29. 112 × 29 = 3,248	30. 263 × 36 = 9,468
31. 573 × 12 = 6,876	32. 208 × 20 = 4,160	33. 598 × 12 = 7,176	34. 635 × 12 = 7,620	35. 393 × 10 = 3,930

1. 393 × 14 = 5,502	2. 621 × 11 = 6,831	3. 214 × 23 = 4,922	4. 226 × 21 = 4,746	5. 343 × 14 = 4,802
6. 358 × 22 = 7,876	7. 135 × 24 = 3,240	8. 172 × 43 = 7,396	9. 206 × 20 = 4,120	10. 822 × 10 = 8,220
11. 798 × 10 = 7,980	12. 116 × 81 = 9,396	13. 221 × 22 = 4,862	14. 411 × 17 = 6,987	15. 183 × 17 = 3,111
16. 454 × 14 = 6,356	17. 266 × 31 = 8,246	18. 200 × 32 = 6,400	19. 446 × 11 = 4,906	20. 212 × 25 = 5,300
21. 459 × 15 = 6,885	22. 324 × 18 = 5,832	23. 309 × 13 = 4,017	24. 305 × 22 = 6,710	25. 308 × 15 = 4,620
26. 193 × 13 = 2,509	27. 268 × 35 = 9,380	28. 161 × 42 = 6,762	29. 187 × 27 = 5,049	30. 237 × 30 = 7,110
31. 438 × 14 = 6,132	32. 376 × 21 = 7,896	33. 255 × 38 = 9,690	34. 157 × 23 = 3,611	35. 271 × 32 = 8,672

1. 519 × 16 = 8,304	2. 268 × 13 = 3,484	3. 436 × 12 = 5,232	4. 176 × 42 = 7,392	5. 195 × 20 = 3,900
6. 376 × 26 = 9,776	7. 113 × 31 = 3,503	8. 209 × 34 = 7,106	9. 120 × 61 = 7,320	10. 293 × 18 = 5,274
11. 274 × 17 = 4,658	12. 317 × 18 = 5,706	13. 166 × 11 = 1,826	14. 162 × 40 = 6,480	15. 169 × 24 = 4,056
16. 269 × 36 = 9,684	17. 233 × 20 = 4,660	18. 172 × 43 = 7,396	19. 214 × 45 = 9,630	20. 161 × 21 = 3,381
21. 231 × 21 = 4,851	22. 118 × 42 = 4,956	23. 326 × 22 = 7,172	24. 745 × 12 = 8,940	25. 378 × 26 = 9,828
26. 197 × 43 = 8,471	27. 560 × 14 = 7,840	28. 210 × 30 = 6,300	29. 756 × 10 = 7,560	30. 520 × 11 = 5,720
31. 526 × 16 = 8,416	32. 179 × 46 = 8,234	33. 122 × 20 = 2,440	34. 357 × 22 = 7,854	35. 160 × 22 = 3,520

1. 315 × 15 = 4,725	2. 451 × 10 = 4,510	3. 152 × 61 = 9,272	4. 168 × 51 = 8,568	5. 251 × 22 = 5,522
6. 137 × 57 = 7,809	7. 573 × 13 = 7,449	8. 518 × 16 = 8,288	9. 152 × 21 = 3,192	10. 588 × 11 = 6,468
11. 348 × 14 = 4,872	12. 146 × 15 = 2,190	13. 250 × 22 = 5,500	14. 172 × 42 = 7,224	15. 154 × 36 = 5,544
16. 233 × 19 = 4,427	17. 119 × 23 = 2,737	18. 419 × 12 = 5,028	19. 816 × 11 = 8,976	20. 114 × 56 = 6,384
21. 226 × 32 = 7,232	22. 111 × 88 = 9,768	23. 724 × 11 = 7,964	24. 394 × 17 = 6,698	25. 272 × 15 = 4,080
26. 125 × 56 = 7,000	27. 275 × 13 = 3,575	28. 548 × 14 = 7,672	29. 248 × 28 = 6,944	30. 436 × 19 = 8,284
31. 208 × 22 = 4,576	32. 308 × 20 = 6,160	33. 690 × 11 = 7,590	34. 129 × 53 = 6,837	35. 166 × 19 = 3,154

Answers

33-36

1.	126	× 47	5,922
2.	262	× 10	2,620
3.	151	× 42	6,342
4.	609	× 16	9,744
5.	199	× 36	7,164
6.	204	× 23	4,692
7.	175	× 21	3,675
8.	433	× 10	4,330
9.	114	× 21	2,394
10.	362	× 22	7,964
11.	128	× 48	6,144
12.	385	× 18	6,930
13.	266	× 16	4,256
14.	377	× 24	9,048
15.	194	× 51	9,894
16.	124	× 20	2,480
17.	163	× 58	9,454
18.	142	× 31	4,402
19.	325	× 13	4,225
20.	275	× 30	8,250
21.	123	× 14	1,722
22.	407	× 11	4,477
23.	170	× 32	5,440
24.	180	× 18	3,240
25.	671	× 10	6,710
26.	172	× 25	4,300
27.	203	× 11	2,233
28.	190	× 51	9,690
29.	658	× 14	9,212
30.	122	× 52	6,344
31.	198	× 38	7,524
32.	229	× 40	9,160
33.	163	× 52	8,476
34.	424	× 16	6,784
35.	182	× 19	3,458

1.	312	× 29	9,048
2.	281	× 15	4,215
3.	222	× 33	7,326
4.	163	× 45	7,335
5.	222	× 15	3,330
6.	141	× 66	9,306
7.	141	× 45	6,345
8.	189	× 21	3,969
9.	406	× 11	4,466
10.	425	× 17	7,225
11.	139	× 48	6,672
12.	149	× 11	1,639
13.	226	× 28	6,328
14.	189	× 49	9,261
15.	224	× 26	5,824
16.	124	× 27	3,348
17.	178	× 15	2,670
18.	431	× 16	6,896
19.	308	× 18	5,544
20.	276	× 36	9,936
21.	171	× 15	2,565
22.	182	× 28	5,096
23.	219	× 40	8,760
24.	116	× 76	8,816
25.	137	× 43	5,891
26.	641	× 11	7,051
27.	572	× 14	8,008
28.	274	× 30	8,220
29.	115	× 59	6,785
30.	163	× 48	7,824
31.	437	× 14	6,118
32.	512	× 11	5,632
33.	499	× 10	4,990
34.	456	× 17	7,752
35.	176	× 24	4,224

1.	554	× 18	9,972
2.	663	× 12	7,956
3.	331	× 30	9,930
4.	177	× 17	3,009
5.	576	× 10	5,760
6.	130	× 41	5,330
7.	820	× 11	9,020
8.	611	× 13	7,943
9.	679	× 13	8,827
10.	620	× 11	6,820
11.	429	× 20	8,580
12.	154	× 52	8,008
13.	350	× 12	4,200
14.	123	× 42	5,166
15.	796	× 10	7,960
16.	330	× 10	3,300
17.	366	× 27	9,882
18.	273	× 10	2,730
19.	172	× 56	9,632
20.	156	× 11	1,716
21.	142	× 37	5,254
22.	330	× 23	7,590
23.	885	× 10	8,850
24.	122	× 41	5,002
25.	429	× 10	4,290
26.	111	× 85	9,435
27.	328	× 16	5,248
28.	272	× 11	2,992
29.	255	× 16	4,080
30.	242	× 31	7,502
31.	130	× 70	9,100
32.	282	× 18	5,076
33.	224	× 15	3,360
34.	111	× 31	3,441
35.	590	× 10	5,900

1.	370	× 15	5,550
2.	283	× 27	7,641
3.	146	× 55	8,030
4.	208	× 39	8,112
5.	221	× 32	7,072
6.	142	× 51	7,242
7.	263	× 10	2,630
8.	158	× 32	5,056
9.	244	× 33	8,052
10.	410	× 21	8,610
11.	161	× 58	9,338
12.	129	× 52	6,708
13.	149	× 10	1,490
14.	163	× 41	6,683
15.	274	× 14	3,836
16.	522	× 16	8,352
17.	124	× 70	8,680
18.	381	× 14	5,334
19.	437	× 10	4,370
20.	655	× 15	9,825
21.	491	× 20	9,820
22.	124	× 10	1,240
23.	152	× 43	6,536
24.	160	× 42	6,720
25.	184	× 36	6,624
26.	358	× 15	5,370
27.	258	× 34	8,772
28.	537	× 13	6,981
29.	216	× 33	7,128
30.	542	× 11	5,962
31.	844	× 10	8,440
32.	397	× 16	6,352
33.	185	× 18	3,330
34.	235	× 17	3,995
35.	144	× 62	8,928

Answers

37-40

1.	663	× 11	7,293
2.	468	× 15	7,020
3.	177	× 51	9,027
4.	405	× 13	5,265
5.	367	× 25	9,175
6.	678	× 10	6,780
7.	317	× 11	3,487
8.	746	× 10	7,460
9.	112	× 26	2,912
10.	209	× 18	3,762
11.	155	× 27	4,185
12.	111	× 75	8,325
13.	129	× 10	1,290
14.	187	× 48	8,976
15.	406	× 24	9,744
16.	236	× 23	5,428
17.	150	× 32	4,800
18.	383	× 26	9,958
19.	125	× 20	2,500
20.	628	× 10	6,280
21.	156	× 55	8,580
22.	135	× 63	8,505
23.	320	× 11	3,520
24.	826	× 11	9,086
25.	383	× 14	5,362
26.	212	× 26	5,512
27.	344	× 11	3,784
28.	348	× 10	3,480
29.	281	× 30	8,430
30.	197	× 33	6,501
31.	134	× 48	6,432
32.	186	× 42	7,812
33.	191	× 38	7,258
34.	302	× 19	5,738
35.	160	× 28	4,480

1.	139	× 40	5,560
2.	229	× 43	9,847
3.	823	× 10	8,230
4.	133	× 55	7,315
5.	414	× 20	8,280
6.	116	× 16	1,856
7.	269	× 22	5,918
8.	293	× 18	5,274
9.	830	× 12	9,960
10.	487	× 18	8,766
11.	489	× 19	9,291
12.	426	× 13	5,538
13.	275	× 36	9,900
14.	238	× 27	6,426
15.	337	× 10	3,370
16.	205	× 37	7,585
17.	229	× 33	7,557
18.	523	× 13	6,799
19.	640	× 15	9,600
20.	177	× 45	7,965
21.	433	× 19	8,227
22.	156	× 62	9,672
23.	454	× 17	7,718
24.	201	× 36	7,236
25.	191	× 10	1,910
26.	619	× 13	8,047
27.	134	× 22	2,948
28.	243	× 33	8,019
29.	135	× 27	3,645
30.	293	× 15	4,395
31.	247	× 11	2,717
32.	188	× 53	9,964
33.	221	× 42	9,282
34.	464	× 12	5,568
35.	113	× 57	6,441

1.	169	× 36	6,084
2.	155	× 10	1,550
3.	637	× 13	8,281
4.	481	× 18	8,658
5.	242	× 30	7,260
6.	287	× 28	8,036
7.	205	× 45	9,225
8.	732	× 11	8,052
9.	309	× 16	4,944
10.	204	× 34	6,936
11.	257	× 32	8,224
12.	801	× 10	8,010
13.	464	× 16	7,424
14.	116	× 64	7,424
15.	245	× 33	8,085
16.	232	× 37	8,584
17.	293	× 17	4,981
18.	245	× 34	8,330
19.	359	× 27	9,693
20.	170	× 40	6,800
21.	419	× 20	8,380
22.	232	× 10	2,320
23.	118	× 17	2,006
24.	420	× 19	7,980
25.	460	× 10	4,600
26.	146	× 33	4,818
27.	241	× 24	5,784
28.	402	× 14	5,628
29.	315	× 23	7,245
30.	214	× 35	7,490
31.	416	× 11	4,576
32.	223	× 44	9,812
33.	276	× 15	4,140
34.	630	× 12	7,560
35.	129	× 37	4,773

1.	117	× 68	7,956
2.	231	× 24	5,544
3.	129	× 46	5,934
4.	243	× 40	9,720
5.	293	× 23	6,739
6.	265	× 24	6,360
7.	184	× 52	9,568
8.	132	× 21	2,772
9.	514	× 10	5,140
10.	114	× 42	4,788
11.	161	× 26	4,186
12.	113	× 54	6,102
13.	208	× 41	8,528
14.	415	× 12	4,980
15.	655	× 11	7,205
16.	243	× 21	5,103
17.	341	× 10	3,410
18.	178	× 39	6,942
19.	533	× 10	5,330
20.	136	× 24	3,264
21.	157	× 60	9,420
22.	564	× 13	7,332
23.	186	× 26	4,836
24.	301	× 21	6,321
25.	284	× 19	5,396
26.	352	× 14	4,928
27.	631	× 11	6,941
28.	124	× 22	2,728
29.	369	× 20	7,380
30.	150	× 46	6,900
31.	299	× 24	7,176
32.	147	× 27	3,969
33.	200	× 30	6,000
34.	120	× 66	7,920
35.	176	× 21	3,696

Answers

41-44

1. 314 × 18 5,652	2. 149 × 13 1,937	3. 424 × 20 8,480	4. 117 × 45 5,265	5. 125 × 74 9,250
6. 551 × 13 7,163	7. 326 × 11 3,586	8. 224 × 37 8,288	9. 486 × 14 6,804	10. 676 × 13 8,788
11. 356 × 10 3,560	12. 145 × 57 8,265	13. 240 × 28 6,720	14. 228 × 22 5,016	15. 252 × 15 3,780
16. 201 × 39 7,839	17. 366 × 19 6,954	18. 172 × 32 5,504	19. 125 × 33 4,125	20. 286 × 10 2,860
21. 388 × 10 3,880	22. 277 × 11 3,047	23. 323 × 24 7,752	24. 241 × 37 8,917	25. 119 × 31 3,689
26. 180 × 38 6,840	27. 525 × 12 6,300	28. 431 × 11 4,741	29. 498 × 20 9,960	30. 147 × 11 1,617
31. 201 × 35 7,035	32. 398 × 13 5,174	33. 196 × 45 8,820	34. 129 × 44 5,676	35. 314 × 13 4,082

1. 169 × 55 9,295	2. 772 × 10 7,720	3. 587 × 11 6,457	4. 582 × 16 9,312	5. 305 × 24 7,320
6. 153 × 20 3,060	7. 761 × 11 8,371	8. 199 × 41 8,159	9. 236 × 29 6,844	10. 533 × 13 6,929
11. 115 × 85 9,775	12. 165 × 11 1,815	13. 504 × 11 5,544	14. 353 × 21 7,413	15. 167 × 57 9,519
16. 460 × 14 6,440	17. 729 × 11 8,019	18. 135 × 65 8,775	19. 466 × 21 9,786	20. 143 × 15 2,145
21. 262 × 28 7,336	22. 401 × 22 8,822	23. 141 × 16 2,256	24. 800 × 12 9,600	25. 256 × 25 6,400
26. 155 × 21 3,255	27. 321 × 18 5,778	28. 174 × 14 2,436	29. 820 × 12 9,840	30. 120 × 39 4,680
31. 814 × 11 8,954	32. 301 × 30 9,030	33. 245 × 27 6,615	34. 306 × 18 5,508	35. 272 × 26 7,072

1. 254 × 34 8,636	2. 256 × 12 3,072	3. 142 × 60 8,520	4. 113 × 14 1,582	5. 162 × 17 2,754
6. 549 × 11 6,039	7. 154 × 62 9,548	8. 207 × 25 5,175	9. 158 × 61 9,638	10. 266 × 13 3,458
11. 538 × 18 9,684	12. 227 × 22 4,994	13. 377 × 11 4,147	14. 545 × 11 5,995	15. 111 × 18 1,998
16. 315 × 21 6,615	17. 197 × 20 3,940	18. 921 × 10 9,210	19. 250 × 16 4,000	20. 340 × 21 7,140
21. 308 × 30 9,240	22. 204 × 31 6,324	23. 296 × 13 3,848	24. 214 × 39 8,346	25. 169 × 26 4,394
26. 268 × 33 8,844	27. 234 × 27 6,318	28. 200 × 13 2,600	29. 134 × 29 3,886	30. 511 × 14 7,154
31. 262 × 16 4,192	32. 153 × 19 2,907	33. 243 × 31 7,533	34. 666 × 11 7,326	35. 676 × 13 8,788

1. 161 × 17 2,737	2. 142 × 11 1,562	3. 379 × 19 7,201	4. 205 × 25 5,125	5. 215 × 24 5,160
6. 391 × 21 8,211	7. 323 × 26 8,398	8. 156 × 33 5,148	9. 294 × 13 3,822	10. 456 × 15 6,840
11. 145 × 21 3,045	12. 434 × 15 6,510	13. 126 × 57 7,182	14. 173 × 20 3,460	15. 122 × 25 3,050
16. 293 × 15 4,395	17. 802 × 11 8,822	18. 602 × 13 7,826	19. 372 × 25 9,300	20. 424 × 17 7,208
21. 295 × 29 8,555	22. 114 × 52 5,928	23. 187 × 40 7,480	24. 463 × 17 7,871	25. 118 × 71 8,378
26. 121 × 25 3,025	27. 368 × 24 8,832	28. 114 × 34 3,876	29. 115 × 69 7,935	30. 221 × 14 3,094
31. 176 × 16 2,816	32. 183 × 18 3,294	33. 560 × 15 8,400	34. 515 × 15 7,725	35. 208 × 28 5,824

Answers

45-48

1. 198 × 43 = 8,514	2. 312 × 30 = 9,360	3. 315 × 26 = 8,190	4. 178 × 16 = 2,848	5. 172 × 32 = 5,504
6. 573 × 13 = 7,449	7. 286 × 34 = 9,724	8. 122 × 17 = 2,074	9. 425 × 11 = 4,675	10. 141 × 17 = 2,397
11. 123 × 38 = 4,674	12. 166 × 11 = 1,826	13. 162 × 25 = 4,050	14. 219 × 20 = 4,380	15. 232 × 29 = 6,728
16. 578 × 17 = 9,826	17. 129 × 44 = 5,676	18. 436 × 11 = 4,796	19. 551 × 14 = 7,714	20. 411 × 20 = 8,220
21. 175 × 25 = 4,375	22. 300 × 32 = 9,600	23. 525 × 15 = 7,875	24. 152 × 21 = 3,192	25. 131 × 33 = 4,323
26. 185 × 33 = 6,105	27. 183 × 29 = 5,307	28. 287 × 31 = 8,897	29. 115 × 23 = 2,645	30. 566 × 12 = 6,792
31. 493 × 10 = 4,930	32. 111 × 17 = 1,887	33. 685 × 12 = 8,220	34. 147 × 41 = 6,027	35. 111 × 10 = 1,110

1. 113 × 45 = 5,085	2. 570 × 15 = 8,550	3. 298 × 30 = 8,940	4. 215 × 21 = 4,515	5. 693 × 11 = 7,623
6. 141 × 68 = 9,588	7. 763 × 12 = 9,156	8. 171 × 56 = 9,576	9. 420 × 23 = 9,660	10. 322 × 25 = 8,050
11. 145 × 31 = 4,495	12. 196 × 34 = 6,664	13. 137 × 66 = 9,042	14. 167 × 12 = 2,004	15. 158 × 52 = 8,216
16. 277 × 31 = 8,587	17. 237 × 21 = 4,977	18. 171 × 53 = 9,063	19. 153 × 57 = 8,721	20. 364 × 25 = 9,100
21. 425 × 18 = 7,650	22. 113 × 83 = 9,379	23. 192 × 27 = 5,184	24. 328 × 27 = 8,856	25. 169 × 34 = 5,746
26. 113 × 86 = 9,718	27. 137 × 47 = 6,439	28. 193 × 34 = 6,562	29. 121 × 48 = 5,808	30. 310 × 12 = 3,720
31. 180 × 26 = 4,680	32. 131 × 61 = 7,991	33. 212 × 17 = 3,604	34. 292 × 21 = 6,132	35. 541 × 10 = 5,410

1. 334 × 22 = 7,348	2. 716 × 11 = 7,876	3. 154 × 51 = 7,854	4. 596 × 11 = 6,556	5. 384 × 14 = 5,376
6. 291 × 31 = 9,021	7. 155 × 19 = 2,945	8. 342 × 15 = 5,130	9. 599 × 10 = 5,990	10. 220 × 21 = 4,620
11. 466 × 15 = 6,990	12. 145 × 18 = 2,610	13. 433 × 11 = 4,763	14. 111 × 78 = 8,658	15. 342 × 14 = 4,788
16. 371 × 25 = 9,275	17. 290 × 29 = 8,410	18. 379 × 16 = 6,064	19. 789 × 11 = 8,679	20. 272 × 12 = 3,264
21. 111 × 48 = 5,328	22. 291 × 32 = 9,312	23. 118 × 33 = 3,894	24. 224 × 22 = 4,928	25. 159 × 60 = 9,540
26. 157 × 57 = 8,949	27. 196 × 31 = 6,076	28. 723 × 11 = 7,953	29. 295 × 18 = 5,310	30. 231 × 32 = 7,392
31. 259 × 22 = 5,698	32. 126 × 28 = 3,528	33. 211 × 10 = 2,110	34. 243 × 12 = 2,916	35. 151 × 56 = 8,456

1. 324 × 11 = 3,564	2. 124 × 54 = 6,696	3. 395 × 24 = 9,480	4. 132 × 47 = 6,204	5. 609 × 14 = 8,526
6. 137 × 11 = 1,507	7. 550 × 17 = 9,350	8. 441 × 11 = 4,851	9. 217 × 12 = 2,604	10. 656 × 15 = 9,840
11. 494 × 13 = 6,422	12. 321 × 25 = 8,025	13. 332 × 27 = 8,964	14. 306 × 23 = 7,038	15. 126 × 52 = 6,552
16. 189 × 21 = 3,969	17. 429 × 20 = 8,580	18. 169 × 58 = 9,802	19. 714 × 13 = 9,282	20. 233 × 25 = 5,825
21. 873 × 10 = 8,730	22. 149 × 66 = 9,834	23. 179 × 29 = 5,191	24. 172 × 38 = 6,536	25. 375 × 15 = 5,625
26. 384 × 24 = 9,216	27. 275 × 34 = 9,350	28. 112 × 87 = 9,744	29. 118 × 79 = 9,322	30. 589 × 14 = 8,246
31. 280 × 26 = 7,280	32. 185 × 32 = 5,920	33. 127 × 11 = 1,397	34. 515 × 18 = 9,270	35. 133 × 56 = 7,448

Answers
49-52

Page 49

#		#		#		#		#	
1.	283 × 33 = 9,339	2.	307 × 20 = 6,140	3.	412 × 18 = 7,416	4.	146 × 39 = 5,694	5.	285 × 33 = 9,405
6.	286 × 24 = 6,864	7.	784 × 12 = 9,408	8.	230 × 34 = 7,820	9.	380 × 16 = 6,080	10.	291 × 12 = 3,492
11.	305 × 13 = 3,965	12.	185 × 38 = 7,030	13.	606 × 14 = 8,484	14.	761 × 10 = 7,610	15.	116 × 81 = 9,396
16.	128 × 12 = 1,536	17.	385 × 15 = 5,775	18.	226 × 43 = 9,718	19.	132 × 42 = 5,544	20.	372 × 18 = 6,696
21.	231 × 32 = 7,392	22.	406 × 21 = 8,526	23.	152 × 59 = 8,968	24.	348 × 26 = 9,048	25.	208 × 19 = 3,952
26.	334 × 10 = 3,340	27.	451 × 14 = 6,314	28.	251 × 36 = 9,036	29.	261 × 11 = 2,871	30.	179 × 53 = 9,487
31.	226 × 27 = 6,102	32.	169 × 32 = 5,408	33.	369 × 22 = 8,118	34.	301 × 16 = 4,816	35.	206 × 45 = 9,270

Page 50

#		#		#		#		#	
1.	208 × 31 = 6,448	2.	197 × 24 = 4,728	3.	297 × 18 = 5,346	4.	361 × 16 = 5,776	5.	183 × 18 = 3,294
6.	382 × 17 = 6,494	7.	131 × 30 = 3,930	8.	190 × 23 = 4,370	9.	259 × 34 = 8,806	10.	436 × 16 = 6,976
11.	133 × 53 = 7,049	12.	157 × 55 = 8,635	13.	341 × 28 = 9,548	14.	459 × 19 = 8,721	15.	437 × 14 = 6,118
16.	296 × 25 = 7,400	17.	193 × 48 = 9,264	18.	118 × 54 = 6,372	19.	128 × 65 = 8,320	20.	157 × 47 = 7,379
21.	328 × 24 = 7,872	22.	169 × 49 = 8,281	23.	220 × 14 = 3,080	24.	242 × 18 = 4,356	25.	117 × 25 = 2,925
26.	142 × 34 = 4,828	27.	625 × 13 = 8,125	28.	419 × 15 = 6,285	29.	425 × 21 = 8,925	30.	120 × 67 = 8,040
31.	125 × 26 = 3,250	32.	465 × 11 = 5,115	33.	278 × 20 = 5,560	34.	395 × 25 = 9,875	35.	415 × 14 = 5,810

Page 51

#		#		#		#		#	
1.	588 ÷ 98 = 6	2.	836 ÷ 38 = 22	3.	355 ÷ 71 = 5	4.	462 ÷ 42 = 11	5.	256 ÷ 64 = 4
6.	836 ÷ 44 = 19	7.	280 ÷ 56 = 5	8.	252 ÷ 84 = 3	9.	172 ÷ 86 = 2	10.	551 ÷ 29 = 19
11.	156 ÷ 13 = 12	12.	720 ÷ 16 = 45	13.	291 ÷ 97 = 3	14.	340 ÷ 68 = 5	15.	627 ÷ 33 = 19
16.	610 ÷ 10 = 61	17.	621 ÷ 23 = 27	18.	759 ÷ 69 = 11	19.	237 ÷ 79 = 3	20.	456 ÷ 57 = 8
21.	459 ÷ 27 = 17	22.	312 ÷ 39 = 8	23.	540 ÷ 60 = 9	24.	646 ÷ 38 = 17	25.	408 ÷ 68 = 6
26.	891 ÷ 99 = 9	27.	130 ÷ 26 = 5	28.	612 ÷ 36 = 17	29.	315 ÷ 21 = 15	30.	190 ÷ 19 = 10
31.	140 ÷ 70 = 2	32.	305 ÷ 61 = 5	33.	208 ÷ 52 = 4	34.	594 ÷ 99 = 6	35.	888 ÷ 74 = 12

Page 52

#		#		#		#		#	
1.	672 ÷ 56 = 12	2.	426 ÷ 71 = 6	3.	141 ÷ 47 = 3	4.	609 ÷ 29 = 21	5.	912 ÷ 19 = 48
6.	840 ÷ 84 = 10	7.	464 ÷ 58 = 8	8.	168 ÷ 84 = 2	9.	520 ÷ 65 = 8	10.	462 ÷ 66 = 7
11.	243 ÷ 81 = 3	12.	130 ÷ 26 = 5	13.	363 ÷ 33 = 11	14.	720 ÷ 36 = 20	15.	208 ÷ 52 = 4
16.	495 ÷ 99 = 5	17.	756 ÷ 84 = 9	18.	800 ÷ 10 = 80	19.	891 ÷ 81 = 11	20.	851 ÷ 37 = 23
21.	468 ÷ 26 = 18	22.	228 ÷ 76 = 3	23.	868 ÷ 62 = 14	24.	216 ÷ 54 = 4	25.	520 ÷ 52 = 10
26.	180 ÷ 60 = 3	27.	210 ÷ 21 = 10	28.	736 ÷ 16 = 46	29.	864 ÷ 18 = 48	30.	806 ÷ 26 = 31
31.	450 ÷ 30 = 15	32.	805 ÷ 35 = 23	33.	312 ÷ 12 = 26	34.	550 ÷ 50 = 11	35.	164 ÷ 41 = 4

Answers
53-56

Box 1
1. 680 ÷ 85 = 8
2. 624 ÷ 78 = 8
3. 644 ÷ 92 = 7
4. 420 ÷ 70 = 6
5. 260 ÷ 52 = 5
6. 297 ÷ 33 = 9
7. 744 ÷ 31 = 24
8. 888 ÷ 37 = 24
9. 522 ÷ 58 = 9
10. 312 ÷ 13 = 24
11. 120 ÷ 10 = 12
12. 588 ÷ 42 = 14
13. 737 ÷ 67 = 11
14. 333 ÷ 37 = 9
15. 385 ÷ 77 = 5
16. 405 ÷ 45 = 9
17. 819 ÷ 21 = 39
18. 242 ÷ 11 = 22
19. 306 ÷ 51 = 6
20. 567 ÷ 27 = 21
21. 510 ÷ 51 = 10
22. 495 ÷ 33 = 15
23. 288 ÷ 32 = 9
24. 675 ÷ 15 = 45
25. 644 ÷ 46 = 14
26. 550 ÷ 55 = 10
27. 279 ÷ 93 = 3
28. 880 ÷ 88 = 10
29. 143 ÷ 11 = 13
30. 711 ÷ 79 = 9
31. 490 ÷ 98 = 5
32. 846 ÷ 47 = 18
33. 231 ÷ 11 = 21
34. 472 ÷ 59 = 8
35. 340 ÷ 68 = 5

Box 2
1. 671 ÷ 61 = 11
2. 384 ÷ 48 = 8
3. 480 ÷ 80 = 6
4. 345 ÷ 69 = 5
5. 207 ÷ 69 = 3
6. 153 ÷ 17 = 9
7. 792 ÷ 44 = 18
8. 854 ÷ 61 = 14
9. 576 ÷ 18 = 32
10. 756 ÷ 36 = 21
11. 784 ÷ 49 = 16
12. 395 ÷ 79 = 5
13. 684 ÷ 57 = 12
14. 408 ÷ 12 = 34
15. 435 ÷ 15 = 29
16. 630 ÷ 63 = 10
17. 714 ÷ 17 = 42
18. 276 ÷ 92 = 3
19. 442 ÷ 34 = 13
20. 880 ÷ 22 = 40
21. 280 ÷ 40 = 7
22. 630 ÷ 63 = 10
23. 672 ÷ 96 = 7
24. 288 ÷ 36 = 8
25. 644 ÷ 92 = 7
26. 420 ÷ 14 = 30
27. 297 ÷ 99 = 3
28. 760 ÷ 76 = 10
29. 880 ÷ 80 = 11
30. 456 ÷ 38 = 12
31. 418 ÷ 38 = 11
32. 833 ÷ 17 = 49
33. 363 ÷ 33 = 11
34. 871 ÷ 67 = 13
35. 258 ÷ 86 = 3

Box 3
1. 348 ÷ 12 = 29
2. 585 ÷ 65 = 9
3. 342 ÷ 57 = 6
4. 300 ÷ 60 = 5
5. 332 ÷ 83 = 4
6. 715 ÷ 55 = 13
7. 168 ÷ 14 = 12
8. 605 ÷ 55 = 11
9. 540 ÷ 18 = 30
10. 406 ÷ 58 = 7
11. 715 ÷ 13 = 55
12. 406 ÷ 29 = 14
13. 392 ÷ 98 = 4
14. 765 ÷ 85 = 9
15. 680 ÷ 68 = 10
16. 672 ÷ 48 = 14
17. 649 ÷ 59 = 11
18. 612 ÷ 68 = 9
19. 728 ÷ 52 = 14
20. 142 ÷ 71 = 2
21. 559 ÷ 43 = 13
22. 208 ÷ 52 = 4
23. 330 ÷ 33 = 10
24. 468 ÷ 36 = 13
25. 158 ÷ 79 = 2
26. 435 ÷ 87 = 5
27. 738 ÷ 41 = 18
28. 629 ÷ 37 = 17
29. 344 ÷ 86 = 4
30. 910 ÷ 70 = 13
31. 355 ÷ 71 = 5
32. 874 ÷ 46 = 19
33. 330 ÷ 22 = 15
34. 665 ÷ 35 = 19
35. 574 ÷ 41 = 14

Box 4
1. 275 ÷ 55 = 5
2. 456 ÷ 38 = 12
3. 170 ÷ 85 = 2
4. 767 ÷ 59 = 13
5. 280 ÷ 70 = 4
6. 240 ÷ 40 = 6
7. 450 ÷ 75 = 6
8. 455 ÷ 91 = 5
9. 704 ÷ 88 = 8
10. 665 ÷ 19 = 35
11. 800 ÷ 50 = 16
12. 224 ÷ 32 = 7
13. 116 ÷ 29 = 4
14. 240 ÷ 80 = 3
15. 232 ÷ 58 = 4
16. 506 ÷ 46 = 11
17. 876 ÷ 73 = 12
18. 819 ÷ 39 = 21
19. 676 ÷ 26 = 26
20. 812 ÷ 29 = 28
21. 284 ÷ 71 = 4
22. 456 ÷ 76 = 6
23. 511 ÷ 73 = 7
24. 360 ÷ 18 = 20
25. 864 ÷ 54 = 16
26. 756 ÷ 27 = 28
27. 700 ÷ 50 = 14
28. 492 ÷ 82 = 6
29. 312 ÷ 52 = 6
30. 366 ÷ 61 = 6
31. 498 ÷ 83 = 6
32. 705 ÷ 15 = 47
33. 308 ÷ 77 = 4
34. 884 ÷ 13 = 68
35. 476 ÷ 28 = 17

Answers

57-60

1.	870	÷ 58	15
2.	752	÷ 47	16
3.	204	÷ 68	3
4.	570	÷ 15	38
5.	376	÷ 47	8
6.	237	÷ 79	3
7.	780	÷ 15	52
8.	141	÷ 47	3
9.	150	÷ 30	5
10.	756	÷ 63	12
11.	320	÷ 80	4
12.	324	÷ 36	9
13.	527	÷ 31	17
14.	160	÷ 16	10
15.	672	÷ 32	21
16.	125	÷ 25	5
17.	232	÷ 29	8
18.	189	÷ 21	9
19.	572	÷ 52	11
20.	680	÷ 68	10
21.	130	÷ 65	2
22.	686	÷ 49	14
23.	623	÷ 89	7
24.	384	÷ 48	8
25.	744	÷ 12	62
26.	588	÷ 84	7
27.	366	÷ 61	6
28.	680	÷ 85	8
29.	612	÷ 18	34
30.	435	÷ 15	29
31.	608	÷ 32	19
32.	814	÷ 37	22
33.	700	÷ 70	10
34.	308	÷ 77	4
35.	603	÷ 67	9

1.	285	÷ 15	19
2.	648	÷ 81	8
3.	728	÷ 91	8
4.	164	÷ 41	4
5.	360	÷ 72	5
6.	704	÷ 88	8
7.	380	÷ 38	10
8.	420	÷ 30	14
9.	456	÷ 76	6
10.	420	÷ 42	10
11.	559	÷ 13	43
12.	360	÷ 45	8
13.	819	÷ 39	21
14.	116	÷ 58	2
15.	864	÷ 54	16
16.	560	÷ 35	16
17.	840	÷ 60	14
18.	261	÷ 87	3
19.	494	÷ 38	13
20.	540	÷ 27	20
21.	871	÷ 67	13
22.	270	÷ 54	5
23.	259	÷ 37	7
24.	511	÷ 73	7
25.	282	÷ 94	3
26.	432	÷ 36	12
27.	225	÷ 25	9
28.	590	÷ 59	10
29.	630	÷ 90	7
30.	648	÷ 54	12
31.	255	÷ 85	3
32.	462	÷ 66	7
33.	384	÷ 24	16
34.	616	÷ 88	7
35.	180	÷ 90	2

1.	910	÷ 14	65
2.	300	÷ 10	30
3.	558	÷ 93	6
4.	216	÷ 24	9
5.	288	÷ 12	24
6.	194	÷ 97	2
7.	430	÷ 86	5
8.	410	÷ 82	5
9.	770	÷ 11	70
10.	304	÷ 76	4
11.	194	÷ 97	2
12.	923	÷ 71	13
13.	854	÷ 61	14
14.	144	÷ 72	2
15.	903	÷ 43	21
16.	612	÷ 18	34
17.	212	÷ 53	4
18.	741	÷ 39	19
19.	528	÷ 48	11
20.	294	÷ 49	6
21.	376	÷ 94	4
22.	165	÷ 11	15
23.	640	÷ 64	10
24.	186	÷ 31	6
25.	902	÷ 82	11
26.	234	÷ 78	3
27.	490	÷ 70	7
28.	350	÷ 35	10
29.	440	÷ 22	20
30.	156	÷ 39	4
31.	221	÷ 17	13
32.	315	÷ 35	9
33.	896	÷ 64	14
34.	265	÷ 53	5
35.	708	÷ 59	12

1.	870	÷ 29	30
2.	704	÷ 88	8
3.	564	÷ 94	6
4.	560	÷ 35	16
5.	504	÷ 72	7
6.	290	÷ 58	5
7.	204	÷ 34	6
8.	528	÷ 16	33
9.	828	÷ 23	36
10.	816	÷ 68	12
11.	235	÷ 47	5
12.	480	÷ 40	12
13.	480	÷ 48	10
14.	486	÷ 81	6
15.	658	÷ 47	14
16.	600	÷ 24	25
17.	779	÷ 19	41
18.	611	÷ 47	13
19.	357	÷ 51	7
20.	156	÷ 78	2
21.	264	÷ 66	4
22.	759	÷ 23	33
23.	465	÷ 93	5
24.	420	÷ 28	15
25.	177	÷ 59	3
26.	518	÷ 74	7
27.	294	÷ 42	7
28.	611	÷ 13	47
29.	900	÷ 45	20
30.	230	÷ 46	5
31.	324	÷ 36	9
32.	212	÷ 53	4
33.	477	÷ 53	9
34.	810	÷ 81	10
35.	415	÷ 83	5

Answers

61-64

1. 648 ÷ 72 = 9	2. 390 ÷ 39 = 10	3. 672 ÷ 48 = 14	4. 880 ÷ 55 = 16	5. 122 ÷ 61 = 2
6. 212 ÷ 53 = 4	7. 414 ÷ 46 = 9	8. 190 ÷ 38 = 5	9. 530 ÷ 53 = 10	10. 450 ÷ 45 = 10
11. 228 ÷ 57 = 4	12. 864 ÷ 32 = 27	13. 864 ÷ 32 = 27	14. 396 ÷ 99 = 4	15. 510 ÷ 34 = 15
16. 845 ÷ 65 = 13	17. 330 ÷ 30 = 11	18. 129 ÷ 43 = 3	19. 728 ÷ 56 = 13	20. 504 ÷ 56 = 9
21. 368 ÷ 46 = 8	22. 160 ÷ 40 = 4	23. 520 ÷ 20 = 26	24. 340 ÷ 34 = 10	25. 621 ÷ 69 = 9
26. 395 ÷ 79 = 5	27. 342 ÷ 18 = 19	28. 594 ÷ 33 = 18	29. 675 ÷ 25 = 27	30. 456 ÷ 57 = 8
31. 540 ÷ 54 = 10	32. 246 ÷ 82 = 3	33. 280 ÷ 56 = 5	34. 216 ÷ 27 = 8	35. 700 ÷ 50 = 14

1. 252 ÷ 63 = 4	2. 480 ÷ 80 = 6	3. 585 ÷ 65 = 9	4. 568 ÷ 71 = 8	5. 671 ÷ 61 = 11
6. 550 ÷ 55 = 10	7. 333 ÷ 37 = 9	8. 621 ÷ 23 = 27	9. 385 ÷ 55 = 7	10. 260 ÷ 65 = 4
11. 600 ÷ 75 = 8	12. 532 ÷ 76 = 7	13. 900 ÷ 50 = 18	14. 664 ÷ 83 = 8	15. 225 ÷ 45 = 5
16. 672 ÷ 56 = 12	17. 602 ÷ 43 = 14	18. 874 ÷ 46 = 19	19. 273 ÷ 21 = 13	20. 114 ÷ 38 = 3
21. 190 ÷ 95 = 2	22. 330 ÷ 30 = 11	23. 518 ÷ 74 = 7	24. 217 ÷ 31 = 7	25. 720 ÷ 30 = 24
26. 736 ÷ 92 = 8	27. 210 ÷ 35 = 6	28. 279 ÷ 93 = 3	29. 320 ÷ 40 = 8	30. 650 ÷ 26 = 25
31. 525 ÷ 15 = 35	32. 231 ÷ 77 = 3	33. 325 ÷ 13 = 25	34. 288 ÷ 96 = 3	35. 360 ÷ 36 = 10

1. 462 ÷ 42 = 11	2. 550 ÷ 50 = 11	3. 132 ÷ 66 = 2	4. 497 ÷ 71 = 7	5. 270 ÷ 54 = 5
6. 468 ÷ 52 = 9	7. 741 ÷ 39 = 19	8. 544 ÷ 68 = 8	9. 336 ÷ 42 = 8	10. 324 ÷ 81 = 4
11. 252 ÷ 42 = 6	12. 246 ÷ 82 = 3	13. 780 ÷ 60 = 13	14. 300 ÷ 60 = 5	15. 644 ÷ 92 = 7
16. 630 ÷ 42 = 15	17. 330 ÷ 10 = 33	18. 146 ÷ 73 = 2	19. 801 ÷ 89 = 9	20. 540 ÷ 27 = 20
21. 378 ÷ 54 = 7	22. 264 ÷ 11 = 24	23. 265 ÷ 53 = 5	24. 166 ÷ 83 = 2	25. 840 ÷ 60 = 14
26. 693 ÷ 99 = 7	27. 712 ÷ 89 = 8	28. 750 ÷ 75 = 10	29. 722 ÷ 38 = 19	30. 129 ÷ 43 = 3
31. 558 ÷ 62 = 9	32. 476 ÷ 34 = 14	33. 495 ÷ 15 = 33	34. 656 ÷ 82 = 8	35. 686 ÷ 49 = 14

1. 240 ÷ 80 = 3	2. 384 ÷ 96 = 4	3. 122 ÷ 61 = 2	4. 880 ÷ 88 = 10	5. 912 ÷ 48 = 19
6. 192 ÷ 64 = 3	7. 192 ÷ 48 = 4	8. 890 ÷ 89 = 10	9. 126 ÷ 42 = 3	10. 130 ÷ 65 = 2
11. 582 ÷ 97 = 6	12. 826 ÷ 59 = 14	13. 780 ÷ 65 = 12	14. 264 ÷ 88 = 3	15. 696 ÷ 24 = 29
16. 550 ÷ 50 = 11	17. 252 ÷ 36 = 7	18. 812 ÷ 14 = 58	19. 825 ÷ 55 = 15	20. 828 ÷ 23 = 36
21. 792 ÷ 99 = 8	22. 567 ÷ 81 = 7	23. 338 ÷ 26 = 13	24. 630 ÷ 42 = 15	25. 504 ÷ 42 = 12
26. 282 ÷ 47 = 6	27. 468 ÷ 12 = 39	28. 480 ÷ 96 = 5	29. 828 ÷ 92 = 9	30. 352 ÷ 88 = 4
31. 864 ÷ 24 = 36	32. 884 ÷ 68 = 13	33. 164 ÷ 82 = 2	34. 320 ÷ 40 = 8	35. 392 ÷ 98 = 4

Answers

65-68

1. 144 ÷ 36 4	2. 715 ÷ 65 11	3. 434 ÷ 31 14	4. 464 ÷ 29 16	5. 333 ÷ 37 9
6. 868 ÷ 31 28	7. 203 ÷ 29 7	8. 774 ÷ 86 9	9. 210 ÷ 70 3	10. 455 ÷ 65 7
11. 756 ÷ 84 9	12. 198 ÷ 99 2	13. 356 ÷ 89 4	14. 522 ÷ 18 29	15. 728 ÷ 91 8
16. 498 ÷ 83 6	17. 117 ÷ 39 3	18. 650 ÷ 25 26	19. 816 ÷ 17 48	20. 850 ÷ 50 17
21. 511 ÷ 73 7	22. 377 ÷ 29 13	23. 408 ÷ 24 17	24. 444 ÷ 74 6	25. 352 ÷ 88 4
26. 546 ÷ 78 7	27. 176 ÷ 88 2	28. 276 ÷ 69 4	29. 504 ÷ 56 9	30. 468 ÷ 78 6
31. 234 ÷ 13 18	32. 225 ÷ 75 3	33. 280 ÷ 70 4	34. 237 ÷ 79 3	35. 850 ÷ 25 34

1. 539 ÷ 49 11	2. 330 ÷ 66 5	3. 636 ÷ 12 53	4. 291 ÷ 97 3	5. 216 ÷ 72 3
6. 576 ÷ 72 8	7. 576 ÷ 72 8	8. 637 ÷ 91 7	9. 112 ÷ 56 2	10. 864 ÷ 54 16
11. 437 ÷ 19 23	12. 156 ÷ 78 2	13. 672 ÷ 84 8	14. 495 ÷ 99 5	15. 280 ÷ 40 7
16. 260 ÷ 20 13	17. 470 ÷ 47 10	18. 700 ÷ 70 10	19. 340 ÷ 20 17	20. 600 ÷ 60 10
21. 891 ÷ 81 11	22. 288 ÷ 96 3	23. 720 ÷ 90 8	24. 445 ÷ 89 5	25. 390 ÷ 65 6
26. 213 ÷ 71 3	27. 912 ÷ 76 12	28. 560 ÷ 70 8	29. 156 ÷ 52 3	30. 820 ÷ 10 82
31. 219 ÷ 73 3	32. 490 ÷ 70 7	33. 870 ÷ 10 87	34. 684 ÷ 38 18	35. 594 ÷ 99 6

1. 306 ÷ 51 6	2. 696 ÷ 24 29	3. 689 ÷ 53 13	4. 396 ÷ 11 36	5. 858 ÷ 66 13
6. 702 ÷ 78 9	7. 649 ÷ 59 11	8. 600 ÷ 40 15	9. 851 ÷ 37 23	10. 187 ÷ 17 11
11. 332 ÷ 83 4	12. 528 ÷ 66 8	13. 486 ÷ 81 6	14. 684 ÷ 76 9	15. 840 ÷ 60 14
16. 464 ÷ 29 16	17. 600 ÷ 24 25	18. 132 ÷ 44 3	19. 315 ÷ 63 5	20. 900 ÷ 15 60
21. 184 ÷ 92 2	22. 567 ÷ 27 21	23. 178 ÷ 89 2	24. 400 ÷ 80 5	25. 300 ÷ 30 10
26. 660 ÷ 44 15	27. 539 ÷ 77 7	28. 264 ÷ 66 4	29. 255 ÷ 85 3	30. 632 ÷ 79 8
31. 640 ÷ 64 10	32. 215 ÷ 43 5	33. 304 ÷ 76 4	34. 140 ÷ 35 4	35. 644 ÷ 46 14

1. 448 ÷ 14 32	2. 320 ÷ 20 16	3. 532 ÷ 38 14	4. 572 ÷ 26 22	5. 902 ÷ 41 22
6. 348 ÷ 29 12	7. 332 ÷ 83 4	8. 207 ÷ 69 3	9. 696 ÷ 58 12	10. 756 ÷ 54 14
11. 630 ÷ 90 7	12. 405 ÷ 45 9	13. 726 ÷ 66 11	14. 495 ÷ 45 11	15. 190 ÷ 95 2
16. 300 ÷ 60 5	17. 132 ÷ 66 2	18. 682 ÷ 62 11	19. 375 ÷ 75 5	20. 112 ÷ 56 2
21. 880 ÷ 88 10	22. 582 ÷ 97 6	23. 462 ÷ 14 33	24. 684 ÷ 19 36	25. 297 ÷ 27 11
26. 380 ÷ 95 4	27. 798 ÷ 57 14	28. 234 ÷ 78 3	29. 768 ÷ 64 12	30. 170 ÷ 34 5
31. 768 ÷ 16 48	32. 860 ÷ 20 43	33. 646 ÷ 38 17	34. 759 ÷ 11 69	35. 728 ÷ 91 8

Answers

69-72

1. 637 ÷ 49 = 13	2. 752 ÷ 47 = 16	3. 522 ÷ 87 = 6	4. 897 ÷ 13 = 69	5. 728 ÷ 52 = 14
6. 546 ÷ 39 = 14	7. 760 ÷ 95 = 8	8. 671 ÷ 61 = 11	9. 578 ÷ 17 = 34	10. 264 ÷ 22 = 12
11. 344 ÷ 86 = 4	12. 357 ÷ 51 = 7	13. 480 ÷ 60 = 8	14. 636 ÷ 53 = 12	15. 714 ÷ 34 = 21
16. 880 ÷ 10 = 88	17. 690 ÷ 69 = 10	18. 640 ÷ 32 = 20	19. 624 ÷ 24 = 26	20. 756 ÷ 63 = 12
21. 810 ÷ 90 = 9	22. 177 ÷ 59 = 3	23. 308 ÷ 77 = 4	24. 741 ÷ 39 = 19	25. 490 ÷ 49 = 10
26. 476 ÷ 14 = 34	27. 910 ÷ 91 = 10	28. 341 ÷ 31 = 11	29. 240 ÷ 80 = 3	30. 585 ÷ 39 = 15
31. 720 ÷ 60 = 12	32. 414 ÷ 69 = 6	33. 364 ÷ 26 = 14	34. 306 ÷ 51 = 6	35. 549 ÷ 61 = 9

1. 142 ÷ 71 = 2	2. 280 ÷ 20 = 14	3. 162 ÷ 54 = 3	4. 406 ÷ 58 = 7	5. 798 ÷ 42 = 19
6. 448 ÷ 28 = 16	7. 696 ÷ 29 = 24	8. 864 ÷ 24 = 36	9. 336 ÷ 42 = 8	10. 544 ÷ 68 = 8
11. 900 ÷ 20 = 45	12. 756 ÷ 84 = 9	13. 200 ÷ 50 = 4	14. 112 ÷ 16 = 7	15. 111 ÷ 37 = 3
16. 525 ÷ 35 = 15	17. 867 ÷ 51 = 17	18. 435 ÷ 87 = 5	19. 840 ÷ 70 = 12	20. 378 ÷ 27 = 14
21. 405 ÷ 27 = 15	22. 294 ÷ 49 = 6	23. 200 ÷ 25 = 8	24. 740 ÷ 37 = 20	25. 344 ÷ 86 = 4
26. 228 ÷ 38 = 6	27. 170 ÷ 85 = 2	28. 276 ÷ 46 = 6	29. 637 ÷ 49 = 13	30. 144 ÷ 12 = 12
31. 540 ÷ 36 = 15	32. 814 ÷ 11 = 74	33. 690 ÷ 10 = 69	34. 340 ÷ 68 = 5	35. 714 ÷ 14 = 51

1. 442 ÷ 26 = 17	2. 768 ÷ 64 = 12	3. 675 ÷ 15 = 45	4. 216 ÷ 54 = 4	5. 396 ÷ 12 = 33
6. 825 ÷ 25 = 33	7. 845 ÷ 13 = 65	8. 248 ÷ 31 = 8	9. 900 ÷ 20 = 45	10. 112 ÷ 56 = 2
11. 497 ÷ 71 = 7	12. 810 ÷ 54 = 15	13. 440 ÷ 55 = 8	14. 704 ÷ 32 = 22	15. 639 ÷ 71 = 9
16. 469 ÷ 67 = 7	17. 424 ÷ 53 = 8	18. 770 ÷ 35 = 22	19. 660 ÷ 44 = 15	20. 445 ÷ 89 = 5
21. 464 ÷ 58 = 8	22. 664 ÷ 83 = 8	23. 188 ÷ 94 = 2	24. 795 ÷ 53 = 15	25. 486 ÷ 81 = 6
26. 222 ÷ 74 = 3	27. 756 ÷ 42 = 18	28. 336 ÷ 21 = 16	29. 292 ÷ 73 = 4	30. 748 ÷ 22 = 34
31. 460 ÷ 46 = 10	32. 384 ÷ 48 = 8	33. 840 ÷ 70 = 12	34. 744 ÷ 24 = 31	35. 468 ÷ 78 = 6

1. 768 ÷ 96 = 8	2. 176 ÷ 88 = 2	3. 168 ÷ 28 = 6	4. 284 ÷ 71 = 4	5. 840 ÷ 42 = 20
6. 500 ÷ 25 = 20	7. 693 ÷ 99 = 7	8. 555 ÷ 37 = 15	9. 594 ÷ 18 = 33	10. 140 ÷ 70 = 2
11. 738 ÷ 41 = 18	12. 224 ÷ 16 = 14	13. 180 ÷ 45 = 4	14. 624 ÷ 52 = 12	15. 392 ÷ 98 = 4
16. 324 ÷ 81 = 4	17. 486 ÷ 54 = 9	18. 360 ÷ 40 = 9	19. 231 ÷ 77 = 3	20. 468 ÷ 26 = 18
21. 890 ÷ 10 = 89	22. 195 ÷ 39 = 5	23. 486 ÷ 81 = 6	24. 312 ÷ 78 = 4	25. 828 ÷ 69 = 12
26. 308 ÷ 14 = 22	27. 756 ÷ 36 = 21	28. 858 ÷ 33 = 26	29. 399 ÷ 19 = 21	30. 832 ÷ 16 = 52
31. 351 ÷ 39 = 9	32. 325 ÷ 65 = 5	33. 637 ÷ 49 = 13	34. 598 ÷ 46 = 13	35. 675 ÷ 45 = 15

Answers

73-76

1. 270 ÷ 90 = 3	2. 155 ÷ 31 = 5	3. 667 ÷ 23 = 29	4. 156 ÷ 52 = 3	5. 198 ÷ 33 = 6
6. 224 ÷ 32 = 7	7. 360 ÷ 72 = 5	8. 682 ÷ 62 = 11	9. 690 ÷ 30 = 23	10. 374 ÷ 22 = 17
11. 260 ÷ 26 = 10	12. 405 ÷ 27 = 15	13. 522 ÷ 18 = 29	14. 873 ÷ 97 = 9	15. 560 ÷ 40 = 14
16. 693 ÷ 33 = 21	17. 610 ÷ 61 = 10	18. 570 ÷ 95 = 6	19. 325 ÷ 65 = 5	20. 533 ÷ 41 = 13
21. 756 ÷ 84 = 9	22. 210 ÷ 70 = 3	23. 275 ÷ 55 = 5	24. 182 ÷ 91 = 2	25. 728 ÷ 91 = 8
26. 759 ÷ 33 = 23	27. 272 ÷ 68 = 4	28. 820 ÷ 82 = 10	29. 405 ÷ 15 = 27	30. 864 ÷ 36 = 24
31. 273 ÷ 91 = 3	32. 558 ÷ 62 = 9	33. 432 ÷ 54 = 8	34. 288 ÷ 32 = 9	35. 336 ÷ 21 = 16

1. 315 ÷ 63 = 5	2. 284 ÷ 71 = 4	3. 196 ÷ 49 = 4	4. 638 ÷ 58 = 11	5. 630 ÷ 45 = 14
6. 532 ÷ 38 = 14	7. 294 ÷ 98 = 3	8. 430 ÷ 86 = 5	9. 319 ÷ 29 = 11	10. 413 ÷ 59 = 7
11. 282 ÷ 94 = 3	12. 770 ÷ 35 = 22	13. 296 ÷ 37 = 8	14. 800 ÷ 32 = 25	15. 480 ÷ 30 = 16
16. 330 ÷ 30 = 11	17. 170 ÷ 85 = 2	18. 148 ÷ 37 = 4	19. 624 ÷ 78 = 8	20. 273 ÷ 39 = 7
21. 330 ÷ 30 = 11	22. 511 ÷ 73 = 7	23. 731 ÷ 43 = 17	24. 840 ÷ 40 = 21	25. 430 ÷ 43 = 10
26. 250 ÷ 50 = 5	27. 336 ÷ 21 = 16	28. 320 ÷ 64 = 5	29. 784 ÷ 16 = 49	30. 192 ÷ 48 = 4
31. 219 ÷ 73 = 3	32. 836 ÷ 76 = 11	33. 700 ÷ 70 = 10	34. 268 ÷ 67 = 4	35. 736 ÷ 92 = 8

1. 630 ÷ 35 = 18	2. 672 ÷ 56 = 12	3. 405 ÷ 81 = 5	4. 396 ÷ 11 = 36	5. 861 ÷ 41 = 21
6. 126 ÷ 21 = 6	7. 540 ÷ 60 = 9	8. 423 ÷ 47 = 9	9. 255 ÷ 15 = 17	10. 637 ÷ 49 = 13
11. 620 ÷ 10 = 62	12. 884 ÷ 68 = 13	13. 812 ÷ 28 = 29	14. 410 ÷ 41 = 10	15. 672 ÷ 96 = 7
16. 285 ÷ 57 = 5	17. 649 ÷ 59 = 11	18. 611 ÷ 47 = 13	19. 285 ÷ 57 = 5	20. 736 ÷ 92 = 8
21. 112 ÷ 56 = 2	22. 168 ÷ 84 = 2	23. 405 ÷ 81 = 5	24. 810 ÷ 54 = 15	25. 288 ÷ 96 = 3
26. 638 ÷ 58 = 11	27. 340 ÷ 85 = 4	28. 144 ÷ 24 = 6	29. 304 ÷ 16 = 19	30. 780 ÷ 60 = 13
31. 258 ÷ 86 = 3	32. 406 ÷ 58 = 7	33. 518 ÷ 37 = 14	34. 551 ÷ 29 = 19	35. 583 ÷ 53 = 11

1. 517 ÷ 11 = 47	2. 300 ÷ 15 = 20	3. 360 ÷ 72 = 5	4. 144 ÷ 48 = 3	5. 517 ÷ 47 = 11
6. 406 ÷ 14 = 29	7. 792 ÷ 66 = 12	8. 416 ÷ 52 = 8	9. 525 ÷ 35 = 15	10. 384 ÷ 48 = 8
11. 396 ÷ 11 = 36	12. 520 ÷ 65 = 8	13. 868 ÷ 31 = 28	14. 340 ÷ 85 = 4	15. 396 ÷ 12 = 33
16. 880 ÷ 80 = 11	17. 237 ÷ 79 = 3	18. 294 ÷ 49 = 6	19. 328 ÷ 41 = 8	20. 250 ÷ 25 = 10
21. 882 ÷ 98 = 9	22. 356 ÷ 89 = 4	23. 784 ÷ 16 = 49	24. 840 ÷ 84 = 10	25. 198 ÷ 22 = 9
26. 637 ÷ 49 = 13	27. 720 ÷ 60 = 12	28. 465 ÷ 93 = 5	29. 135 ÷ 45 = 3	30. 469 ÷ 67 = 7
31. 240 ÷ 24 = 10	32. 770 ÷ 77 = 10	33. 270 ÷ 18 = 15	34. 910 ÷ 70 = 13	35. 496 ÷ 31 = 16

Answers

77-80

1. 294 ÷ 49 = 6	2. 768 ÷ 64 = 12	3. 117 ÷ 39 = 3	4. 462 ÷ 66 = 7	5. 884 ÷ 52 = 17
6. 165 ÷ 33 = 5	7. 530 ÷ 53 = 10	8. 166 ÷ 83 = 2	9. 534 ÷ 89 = 6	10. 564 ÷ 47 = 12
11. 576 ÷ 32 = 18	12. 860 ÷ 86 = 10	13. 285 ÷ 95 = 3	14. 357 ÷ 21 = 17	15. 198 ÷ 99 = 2
16. 400 ÷ 80 = 5	17. 192 ÷ 64 = 3	18. 620 ÷ 20 = 31	19. 172 ÷ 43 = 4	20. 750 ÷ 25 = 30
21. 172 ÷ 86 = 2	22. 648 ÷ 24 = 27	23. 858 ÷ 66 = 13	24. 792 ÷ 88 = 9	25. 356 ÷ 89 = 4
26. 169 ÷ 13 = 13	27. 322 ÷ 23 = 14	28. 840 ÷ 14 = 60	29. 765 ÷ 17 = 45	30. 539 ÷ 49 = 11
31. 437 ÷ 23 = 19	32. 183 ÷ 61 = 3	33. 424 ÷ 53 = 8	34. 760 ÷ 76 = 10	35. 322 ÷ 23 = 14

1. 416 ÷ 52 = 8	2. 896 ÷ 14 = 64	3. 702 ÷ 26 = 27	4. 776 ÷ 97 = 8	5. 392 ÷ 98 = 4
6. 630 ÷ 21 = 30	7. 540 ÷ 60 = 9	8. 234 ÷ 18 = 13	9. 450 ÷ 75 = 6	10. 420 ÷ 28 = 15
11. 533 ÷ 13 = 41	12. 864 ÷ 18 = 48	13. 195 ÷ 39 = 5	14. 280 ÷ 70 = 4	15. 456 ÷ 76 = 6
16. 215 ÷ 43 = 5	17. 210 ÷ 70 = 3	18. 775 ÷ 31 = 25	19. 516 ÷ 86 = 6	20. 180 ÷ 20 = 9
21. 690 ÷ 10 = 69	22. 564 ÷ 12 = 47	23. 140 ÷ 20 = 7	24. 528 ÷ 66 = 8	25. 570 ÷ 15 = 38
26. 329 ÷ 47 = 7	27. 837 ÷ 93 = 9	28. 686 ÷ 98 = 7	29. 150 ÷ 50 = 3	30. 759 ÷ 23 = 33
31. 348 ÷ 87 = 4	32. 576 ÷ 18 = 32	33. 660 ÷ 66 = 10	34. 756 ÷ 12 = 63	35. 285 ÷ 19 = 15

1. 360 ÷ 45 = 8	2. 184 ÷ 92 = 2	3. 420 ÷ 42 = 10	4. 354 ÷ 59 = 6	5. 702 ÷ 39 = 18
6. 871 ÷ 67 = 13	7. 858 ÷ 66 = 13	8. 468 ÷ 12 = 39	9. 297 ÷ 99 = 3	10. 864 ÷ 54 = 16
11. 836 ÷ 38 = 22	12. 120 ÷ 24 = 5	13. 264 ÷ 24 = 11	14. 864 ÷ 18 = 48	15. 870 ÷ 87 = 10
16. 850 ÷ 85 = 10	17. 486 ÷ 81 = 6	18. 400 ÷ 80 = 5	19. 265 ÷ 53 = 5	20. 754 ÷ 58 = 13
21. 345 ÷ 69 = 5	22. 392 ÷ 56 = 7	23. 902 ÷ 22 = 41	24. 616 ÷ 77 = 8	25. 194 ÷ 97 = 2
26. 516 ÷ 43 = 12	27. 612 ÷ 51 = 12	28. 546 ÷ 42 = 13	29. 760 ÷ 38 = 20	30. 880 ÷ 55 = 16
31. 728 ÷ 52 = 14	32. 204 ÷ 68 = 3	33. 420 ÷ 60 = 7	34. 852 ÷ 71 = 12	35. 855 ÷ 95 = 9

1. 552 ÷ 92 = 6	2. 345 ÷ 69 = 5	3. 726 ÷ 33 = 22	4. 316 ÷ 79 = 4	5. 832 ÷ 64 = 13
6. 492 ÷ 12 = 41	7. 279 ÷ 93 = 3	8. 657 ÷ 73 = 9	9. 316 ÷ 79 = 4	10. 708 ÷ 59 = 12
11. 192 ÷ 12 = 16	12. 798 ÷ 57 = 14	13. 168 ÷ 42 = 4	14. 888 ÷ 74 = 12	15. 368 ÷ 23 = 16
16. 616 ÷ 77 = 8	17. 295 ÷ 59 = 5	18. 648 ÷ 54 = 12	19. 864 ÷ 27 = 32	20. 292 ÷ 73 = 4
21. 120 ÷ 60 = 2	22. 672 ÷ 32 = 21	23. 582 ÷ 97 = 6	24. 450 ÷ 15 = 30	25. 704 ÷ 11 = 64
26. 504 ÷ 63 = 8	27. 140 ÷ 35 = 4	28. 174 ÷ 87 = 2	29. 152 ÷ 38 = 4	30. 480 ÷ 96 = 5
31. 864 ÷ 48 = 18	32. 408 ÷ 68 = 6	33. 440 ÷ 44 = 10	34. 752 ÷ 94 = 8	35. 648 ÷ 72 = 9

Answers

81-84

1. 416 ÷ 32 = 13	2. 840 ÷ 30 = 28	3. 828 ÷ 92 = 9	4. 174 ÷ 58 = 3	5. 923 ÷ 71 = 13
6. 702 ÷ 54 = 13	7. 304 ÷ 76 = 4	8. 530 ÷ 53 = 10	9. 728 ÷ 91 = 8	10. 570 ÷ 10 = 57
11. 310 ÷ 62 = 5	12. 276 ÷ 12 = 23	13. 201 ÷ 67 = 3	14. 483 ÷ 69 = 7	15. 370 ÷ 37 = 10
16. 912 ÷ 16 = 57	17. 336 ÷ 28 = 12	18. 255 ÷ 85 = 3	19. 816 ÷ 12 = 68	20. 750 ÷ 30 = 25
21. 756 ÷ 36 = 21	22. 220 ÷ 20 = 11	23. 374 ÷ 34 = 11	24. 138 ÷ 69 = 2	25. 768 ÷ 64 = 12
26. 295 ÷ 59 = 5	27. 611 ÷ 47 = 13	28. 846 ÷ 47 = 18	29. 430 ÷ 86 = 5	30. 660 ÷ 66 = 10
31. 637 ÷ 49 = 13	32. 532 ÷ 19 = 28	33. 355 ÷ 71 = 5	34. 300 ÷ 75 = 4	35. 462 ÷ 66 = 7

1. 114 ÷ 57 = 2	2. 168 ÷ 84 = 2	3. 784 ÷ 56 = 14	4. 222 ÷ 74 = 3	5. 153 ÷ 51 = 3
6. 212 ÷ 53 = 4	7. 180 ÷ 60 = 3	8. 609 ÷ 87 = 7	9. 819 ÷ 91 = 9	10. 369 ÷ 41 = 9
11. 760 ÷ 40 = 19	12. 726 ÷ 66 = 11	13. 884 ÷ 52 = 17	14. 570 ÷ 38 = 15	15. 280 ÷ 70 = 4
16. 884 ÷ 52 = 17	17. 676 ÷ 26 = 26	18. 780 ÷ 52 = 15	19. 832 ÷ 64 = 13	20. 462 ÷ 77 = 6
21. 464 ÷ 29 = 16	22. 418 ÷ 19 = 22	23. 512 ÷ 64 = 8	24. 126 ÷ 42 = 3	25. 645 ÷ 43 = 15
26. 207 ÷ 69 = 3	27. 155 ÷ 31 = 5	28. 340 ÷ 85 = 4	29. 795 ÷ 53 = 15	30. 525 ÷ 35 = 15
31. 795 ÷ 15 = 53	32. 504 ÷ 63 = 8	33. 243 ÷ 27 = 9	34. 663 ÷ 13 = 51	35. 256 ÷ 64 = 4

1. 264 ÷ 12 = 22	2. 777 ÷ 37 = 21	3. 832 ÷ 26 = 32	4. 416 ÷ 52 = 8	5. 138 ÷ 69 = 2
6. 240 ÷ 80 = 3	7. 162 ÷ 81 = 2	8. 540 ÷ 15 = 36	9. 803 ÷ 73 = 11	10. 360 ÷ 40 = 9
11. 672 ÷ 56 = 12	12. 710 ÷ 71 = 10	13. 775 ÷ 25 = 31	14. 249 ÷ 83 = 3	15. 665 ÷ 35 = 19
16. 360 ÷ 18 = 20	17. 198 ÷ 99 = 2	18. 924 ÷ 14 = 66	19. 285 ÷ 95 = 3	20. 912 ÷ 38 = 24
21. 372 ÷ 93 = 4	22. 406 ÷ 14 = 29	23. 413 ÷ 59 = 7	24. 781 ÷ 71 = 11	25. 546 ÷ 91 = 6
26. 288 ÷ 48 = 6	27. 712 ÷ 89 = 8	28. 118 ÷ 59 = 2	29. 570 ÷ 95 = 6	30. 162 ÷ 81 = 2
31. 166 ÷ 83 = 2	32. 164 ÷ 82 = 2	33. 240 ÷ 80 = 3	34. 684 ÷ 38 = 18	35. 790 ÷ 79 = 10

1. 656 ÷ 82 = 8	2. 392 ÷ 98 = 4	3. 539 ÷ 77 = 7	4. 676 ÷ 52 = 13	5. 390 ÷ 65 = 6
6. 546 ÷ 78 = 7	7. 651 ÷ 93 = 7	8. 882 ÷ 21 = 42	9. 720 ÷ 24 = 30	10. 200 ÷ 20 = 10
11. 624 ÷ 52 = 12	12. 711 ÷ 79 = 9	13. 828 ÷ 69 = 12	14. 300 ÷ 75 = 4	15. 666 ÷ 37 = 18
16. 650 ÷ 50 = 13	17. 273 ÷ 21 = 13	18. 672 ÷ 84 = 8	19. 532 ÷ 76 = 7	20. 288 ÷ 16 = 18
21. 330 ÷ 33 = 10	22. 390 ÷ 78 = 5	23. 365 ÷ 73 = 5	24. 255 ÷ 85 = 3	25. 780 ÷ 20 = 39
26. 196 ÷ 28 = 7	27. 320 ÷ 80 = 4	28. 176 ÷ 88 = 2	29. 435 ÷ 29 = 15	30. 525 ÷ 75 = 7
31. 116 ÷ 29 = 4	32. 740 ÷ 74 = 10	33. 833 ÷ 49 = 17	34. 486 ÷ 18 = 27	35. 259 ÷ 37 = 7

Answers

85-88

1. 430 ÷ 43 = 10	2. 380 ÷ 95 = 4	3. 572 ÷ 44 = 13	4. 620 ÷ 62 = 10	5. 779 ÷ 41 = 19
6. 768 ÷ 96 = 8	7. 345 ÷ 15 = 23	8. 620 ÷ 10 = 62	9. 469 ÷ 67 = 7	10. 850 ÷ 17 = 50
11. 663 ÷ 39 = 17	12. 189 ÷ 63 = 3	13. 850 ÷ 34 = 25	14. 299 ÷ 23 = 13	15. 392 ÷ 98 = 4
16. 216 ÷ 36 = 6	17. 190 ÷ 95 = 2	18. 340 ÷ 85 = 4	19. 497 ÷ 71 = 7	20. 740 ÷ 74 = 10
21. 672 ÷ 24 = 28	22. 282 ÷ 94 = 3	23. 620 ÷ 62 = 10	24. 726 ÷ 66 = 11	25. 230 ÷ 23 = 10
26. 188 ÷ 47 = 4	27. 650 ÷ 65 = 10	28. 198 ÷ 99 = 2	29. 871 ÷ 67 = 13	30. 630 ÷ 45 = 14
31. 637 ÷ 91 = 7	32. 846 ÷ 94 = 9	33. 598 ÷ 26 = 23	34. 476 ÷ 17 = 28	35. 847 ÷ 77 = 11

1. 429 ÷ 33 = 13	2. 445 ÷ 89 = 5	3. 494 ÷ 38 = 13	4. 405 ÷ 45 = 9	5. 780 ÷ 78 = 10
6. 330 ÷ 55 = 6	7. 608 ÷ 76 = 8	8. 630 ÷ 45 = 14	9. 405 ÷ 45 = 9	10. 186 ÷ 31 = 6
11. 432 ÷ 72 = 6	12. 517 ÷ 47 = 11	13. 702 ÷ 13 = 54	14. 405 ÷ 81 = 5	15. 891 ÷ 81 = 11
16. 396 ÷ 18 = 22	17. 860 ÷ 20 = 43	18. 504 ÷ 28 = 18	19. 300 ÷ 60 = 5	20. 356 ÷ 89 = 4
21. 306 ÷ 34 = 9	22. 392 ÷ 56 = 7	23. 438 ÷ 73 = 6	24. 477 ÷ 53 = 9	25. 640 ÷ 64 = 10
26. 392 ÷ 98 = 4	27. 435 ÷ 87 = 5	28. 840 ÷ 70 = 12	29. 403 ÷ 31 = 13	30. 377 ÷ 29 = 13
31. 450 ÷ 75 = 6	32. 798 ÷ 42 = 19	33. 793 ÷ 61 = 13	34. 470 ÷ 94 = 5	35. 513 ÷ 19 = 27

1. 403 ÷ 13 = 31	2. 602 ÷ 86 = 7	3. 396 ÷ 44 = 9	4. 874 ÷ 23 = 38	5. 320 ÷ 80 = 4
6. 920 ÷ 46 = 20	7. 765 ÷ 85 = 9	8. 294 ÷ 14 = 21	9. 640 ÷ 40 = 16	10. 415 ÷ 83 = 5
11. 328 ÷ 82 = 4	12. 245 ÷ 49 = 5	13. 837 ÷ 31 = 27	14. 581 ÷ 83 = 7	15. 696 ÷ 58 = 12
16. 244 ÷ 61 = 4	17. 616 ÷ 56 = 11	18. 126 ÷ 18 = 7	19. 330 ÷ 66 = 5	20. 476 ÷ 34 = 14
21. 308 ÷ 14 = 22	22. 450 ÷ 90 = 5	23. 799 ÷ 17 = 47	24. 700 ÷ 50 = 14	25. 840 ÷ 42 = 20
26. 595 ÷ 85 = 7	27. 576 ÷ 48 = 12	28. 576 ÷ 48 = 12	29. 540 ÷ 27 = 20	30. 198 ÷ 22 = 9
31. 810 ÷ 81 = 10	32. 152 ÷ 38 = 4	33. 630 ÷ 63 = 10	34. 510 ÷ 30 = 17	35. 406 ÷ 58 = 7

1. 496 ÷ 62 = 8	2. 627 ÷ 19 = 33	3. 800 ÷ 40 = 20	4. 594 ÷ 27 = 22	5. 728 ÷ 91 = 8
6. 357 ÷ 17 = 21	7. 320 ÷ 80 = 4	8. 540 ÷ 54 = 10	9. 460 ÷ 92 = 5	10. 663 ÷ 39 = 17
11. 312 ÷ 39 = 8	12. 390 ÷ 65 = 6	13. 396 ÷ 11 = 36	14. 280 ÷ 70 = 4	15. 464 ÷ 58 = 8
16. 333 ÷ 37 = 9	17. 637 ÷ 49 = 13	18. 528 ÷ 88 = 6	19. 830 ÷ 83 = 10	20. 186 ÷ 93 = 2
21. 858 ÷ 78 = 11	22. 390 ÷ 26 = 15	23. 245 ÷ 49 = 5	24. 710 ÷ 71 = 10	25. 504 ÷ 84 = 6
26. 775 ÷ 31 = 25	27. 765 ÷ 51 = 15	28. 572 ÷ 44 = 13	29. 775 ÷ 31 = 25	30. 899 ÷ 31 = 29
31. 392 ÷ 98 = 4	32. 684 ÷ 76 = 9	33. 261 ÷ 87 = 3	34. 504 ÷ 36 = 14	35. 720 ÷ 72 = 10

Answers

89-92

1. 343 ÷ 49 = 7	2. 440 ÷ 44 = 10	3. 441 ÷ 63 = 7	4. 750 ÷ 30 = 25	5. 540 ÷ 54 = 10
6. 882 ÷ 14 = 63	7. 264 ÷ 33 = 8	8. 144 ÷ 24 = 6	9. 637 ÷ 91 = 7	10. 372 ÷ 62 = 6
11. 183 ÷ 61 = 3	12. 144 ÷ 48 = 3	13. 142 ÷ 71 = 2	14. 144 ÷ 36 = 4	15. 368 ÷ 92 = 4
16. 160 ÷ 20 = 8	17. 658 ÷ 94 = 7	18. 644 ÷ 92 = 7	19. 528 ÷ 48 = 11	20. 748 ÷ 44 = 17
21. 455 ÷ 35 = 13	22. 896 ÷ 64 = 14	23. 148 ÷ 74 = 2	24. 456 ÷ 76 = 6	25. 385 ÷ 35 = 11
26. 427 ÷ 61 = 7	27. 670 ÷ 67 = 10	28. 176 ÷ 11 = 16	29. 430 ÷ 86 = 5	30. 150 ÷ 50 = 3
31. 310 ÷ 62 = 5	32. 882 ÷ 63 = 14	33. 378 ÷ 14 = 27	34. 375 ÷ 15 = 25	35. 819 ÷ 91 = 9

1. 365 ÷ 73 = 5	2. 730 ÷ 73 = 10	3. 896 ÷ 32 = 28	4. 748 ÷ 68 = 11	5. 522 ÷ 58 = 9
6. 168 ÷ 42 = 4	7. 693 ÷ 63 = 11	8. 860 ÷ 86 = 10	9. 693 ÷ 99 = 7	10. 455 ÷ 91 = 5
11. 816 ÷ 68 = 12	12. 684 ÷ 57 = 12	13. 125 ÷ 25 = 5	14. 375 ÷ 75 = 5	15. 228 ÷ 19 = 12
16. 216 ÷ 72 = 3	17. 176 ÷ 88 = 2	18. 273 ÷ 21 = 13	19. 869 ÷ 79 = 11	20. 504 ÷ 12 = 42
21. 440 ÷ 40 = 11	22. 846 ÷ 94 = 9	23. 232 ÷ 58 = 4	24. 720 ÷ 90 = 8	25. 114 ÷ 57 = 2
26. 720 ÷ 48 = 15	27. 340 ÷ 20 = 17	28. 237 ÷ 79 = 3	29. 168 ÷ 28 = 6	30. 864 ÷ 48 = 18
31. 867 ÷ 51 = 17	32. 270 ÷ 54 = 5	33. 390 ÷ 10 = 39	34. 684 ÷ 38 = 18	35. 864 ÷ 32 = 27

1. 594 ÷ 99 = 6	2. 801 ÷ 89 = 9	3. 240 ÷ 40 = 6	4. 640 ÷ 64 = 10	5. 204 ÷ 68 = 3
6. 414 ÷ 46 = 9	7. 345 ÷ 69 = 5	8. 651 ÷ 93 = 7	9. 884 ÷ 52 = 17	10. 444 ÷ 74 = 6
11. 120 ÷ 10 = 12	12. 880 ÷ 20 = 44	13. 700 ÷ 50 = 14	14. 585 ÷ 65 = 9	15. 663 ÷ 39 = 17
16. 729 ÷ 27 = 27	17. 164 ÷ 82 = 2	18. 260 ÷ 20 = 13	19. 324 ÷ 81 = 4	20. 852 ÷ 71 = 12
21. 120 ÷ 12 = 10	22. 300 ÷ 30 = 10	23. 312 ÷ 78 = 4	24. 888 ÷ 12 = 74	25. 237 ÷ 79 = 3
26. 736 ÷ 23 = 32	27. 188 ÷ 94 = 2	28. 828 ÷ 46 = 18	29. 684 ÷ 12 = 57	30. 210 ÷ 70 = 3
31. 342 ÷ 38 = 9	32. 342 ÷ 57 = 6	33. 112 ÷ 28 = 4	34. 320 ÷ 80 = 4	35. 720 ÷ 45 = 16

1. 696 ÷ 87 = 8	2. 228 ÷ 76 = 3	3. 504 ÷ 84 = 6	4. 594 ÷ 33 = 18	5. 812 ÷ 28 = 29
6. 178 ÷ 89 = 2	7. 201 ÷ 67 = 3	8. 672 ÷ 48 = 14	9. 570 ÷ 30 = 19	10. 500 ÷ 20 = 25
11. 588 ÷ 49 = 12	12. 164 ÷ 82 = 2	13. 660 ÷ 22 = 30	14. 460 ÷ 46 = 10	15. 261 ÷ 87 = 3
16. 880 ÷ 55 = 16	17. 495 ÷ 45 = 11	18. 240 ÷ 15 = 16	19. 264 ÷ 44 = 6	20. 258 ÷ 86 = 3
21. 480 ÷ 40 = 12	22. 372 ÷ 62 = 6	23. 460 ÷ 46 = 10	24. 261 ÷ 87 = 3	25. 693 ÷ 77 = 9
26. 804 ÷ 67 = 12	27. 142 ÷ 71 = 2	28. 561 ÷ 17 = 33	29. 360 ÷ 15 = 24	30. 576 ÷ 64 = 9
31. 650 ÷ 10 = 65	32. 750 ÷ 75 = 10	33. 663 ÷ 39 = 17	34. 252 ÷ 36 = 7	35. 444 ÷ 74 = 6

Answers

93-96

1. 228 ÷ 38 = 6	2. 884 ÷ 26 = 34	3. 486 ÷ 81 = 6	4. 504 ÷ 56 = 9	5. 689 ÷ 53 = 13
6. 310 ÷ 62 = 5	7. 522 ÷ 87 = 6	8. 754 ÷ 58 = 13	9. 230 ÷ 46 = 5	10. 365 ÷ 73 = 5
11. 340 ÷ 68 = 5	12. 476 ÷ 68 = 7	13. 648 ÷ 54 = 12	14. 830 ÷ 83 = 10	15. 756 ÷ 84 = 9
16. 138 ÷ 69 = 2	17. 440 ÷ 88 = 5	18. 292 ÷ 73 = 4	19. 144 ÷ 12 = 12	20. 600 ÷ 24 = 25
21. 264 ÷ 44 = 6	22. 356 ÷ 89 = 4	23. 924 ÷ 22 = 42	24. 372 ÷ 31 = 12	25. 126 ÷ 42 = 3
26. 136 ÷ 68 = 2	27. 418 ÷ 38 = 11	28. 672 ÷ 21 = 32	29. 207 ÷ 69 = 3	30. 658 ÷ 94 = 7
31. 696 ÷ 29 = 24	32. 728 ÷ 56 = 13	33. 720 ÷ 18 = 40	34. 300 ÷ 15 = 20	35. 595 ÷ 85 = 7

1. 552 ÷ 46 = 12	2. 268 ÷ 67 = 4	3. 460 ÷ 23 = 20	4. 748 ÷ 44 = 17	5. 300 ÷ 75 = 4
6. 632 ÷ 79 = 8	7. 192 ÷ 24 = 8	8. 250 ÷ 10 = 25	9. 174 ÷ 58 = 3	10. 256 ÷ 16 = 16
11. 840 ÷ 40 = 21	12. 630 ÷ 35 = 18	13. 469 ÷ 67 = 7	14. 375 ÷ 75 = 5	15. 174 ÷ 87 = 2
16. 451 ÷ 41 = 11	17. 700 ÷ 70 = 10	18. 848 ÷ 53 = 16	19. 627 ÷ 57 = 11	20. 216 ÷ 27 = 8
21. 405 ÷ 81 = 5	22. 159 ÷ 53 = 3	23. 408 ÷ 51 = 8	24. 588 ÷ 21 = 28	25. 276 ÷ 12 = 23
26. 783 ÷ 27 = 29	27. 440 ÷ 44 = 10	28. 525 ÷ 25 = 21	29. 371 ÷ 53 = 7	30. 348 ÷ 12 = 29
31. 584 ÷ 73 = 8	32. 580 ÷ 58 = 10	33. 304 ÷ 76 = 4	34. 897 ÷ 23 = 39	35. 576 ÷ 48 = 12

1. 637 ÷ 91 = 7	2. 828 ÷ 46 = 18	3. 201 ÷ 67 = 3	4. 900 ÷ 15 = 60	5. 357 ÷ 51 = 7
6. 518 ÷ 74 = 7	7. 700 ÷ 70 = 10	8. 679 ÷ 97 = 7	9. 910 ÷ 65 = 14	10. 336 ÷ 84 = 4
11. 220 ÷ 44 = 5	12. 475 ÷ 95 = 5	13. 162 ÷ 81 = 2	14. 624 ÷ 78 = 8	15. 725 ÷ 29 = 25
16. 780 ÷ 60 = 13	17. 282 ÷ 94 = 3	18. 400 ÷ 40 = 10	19. 825 ÷ 55 = 15	20. 306 ÷ 17 = 18
21. 144 ÷ 48 = 3	22. 550 ÷ 25 = 22	23. 648 ÷ 72 = 9	24. 630 ÷ 45 = 14	25. 782 ÷ 34 = 23
26. 270 ÷ 54 = 5	27. 833 ÷ 49 = 17	28. 609 ÷ 29 = 21	29. 850 ÷ 85 = 10	30. 297 ÷ 27 = 11
31. 517 ÷ 47 = 11	32. 816 ÷ 48 = 17	33. 176 ÷ 88 = 2	34. 306 ÷ 18 = 17	35. 217 ÷ 31 = 7

1. 756 ÷ 54 = 14	2. 384 ÷ 96 = 4	3. 676 ÷ 52 = 13	4. 820 ÷ 41 = 20	5. 316 ÷ 79 = 4
6. 176 ÷ 16 = 11	7. 134 ÷ 67 = 2	8. 912 ÷ 76 = 12	9. 203 ÷ 29 = 7	10. 882 ÷ 63 = 14
11. 232 ÷ 58 = 4	12. 776 ÷ 97 = 8	13. 324 ÷ 27 = 12	14. 418 ÷ 19 = 22	15. 384 ÷ 32 = 12
16. 294 ÷ 98 = 3	17. 210 ÷ 42 = 5	18. 876 ÷ 73 = 12	19. 644 ÷ 92 = 7	20. 480 ÷ 15 = 32
21. 896 ÷ 56 = 16	22. 621 ÷ 69 = 9	23. 312 ÷ 52 = 6	24. 720 ÷ 90 = 8	25. 275 ÷ 55 = 5
26. 420 ÷ 42 = 10	27. 552 ÷ 92 = 6	28. 468 ÷ 52 = 9	29. 228 ÷ 76 = 3	30. 344 ÷ 86 = 4
31. 408 ÷ 24 = 17	32. 594 ÷ 54 = 11	33. 756 ÷ 84 = 9	34. 594 ÷ 99 = 6	35. 620 ÷ 62 = 10

Answers

97-100

1. 144 ÷ 48 = 3	2. 425 ÷ 85 = 5	3. 700 ÷ 25 = 28	4. 360 ÷ 72 = 5	5. 294 ÷ 42 = 7
6. 490 ÷ 70 = 7	7. 357 ÷ 51 = 7	8. 522 ÷ 18 = 29	9. 288 ÷ 72 = 4	10. 616 ÷ 28 = 22
11. 420 ÷ 84 = 5	12. 194 ÷ 97 = 2	13. 616 ÷ 88 = 7	14. 742 ÷ 53 = 14	15. 748 ÷ 22 = 34
16. 624 ÷ 39 = 16	17. 198 ÷ 66 = 3	18. 649 ÷ 59 = 11	19. 224 ÷ 16 = 14	20. 114 ÷ 57 = 2
21. 370 ÷ 74 = 5	22. 840 ÷ 70 = 12	23. 675 ÷ 75 = 9	24. 292 ÷ 73 = 4	25. 896 ÷ 56 = 16
26. 434 ÷ 62 = 7	27. 540 ÷ 45 = 12	28. 267 ÷ 89 = 3	29. 224 ÷ 28 = 8	30. 400 ÷ 80 = 5
31. 392 ÷ 56 = 7	32. 584 ÷ 73 = 8	33. 342 ÷ 19 = 18	34. 600 ÷ 12 = 50	35. 112 ÷ 56 = 2

1. 527 ÷ 17 = 31	2. 237 ÷ 79 = 3	3. 216 ÷ 54 = 4	4. 684 ÷ 57 = 12	5. 444 ÷ 37 = 12
6. 608 ÷ 32 = 19	7. 638 ÷ 58 = 11	8. 220 ÷ 55 = 4	9. 114 ÷ 57 = 2	10. 754 ÷ 58 = 13
11. 399 ÷ 57 = 7	12. 184 ÷ 46 = 4	13. 385 ÷ 35 = 11	14. 840 ÷ 84 = 10	15. 345 ÷ 69 = 5
16. 240 ÷ 48 = 5	17. 624 ÷ 26 = 24	18. 495 ÷ 99 = 5	19. 576 ÷ 18 = 32	20. 388 ÷ 97 = 4
21. 240 ÷ 80 = 3	22. 882 ÷ 42 = 21	23. 310 ÷ 62 = 5	24. 847 ÷ 77 = 11	25. 385 ÷ 35 = 11
26. 352 ÷ 88 = 4	27. 468 ÷ 52 = 9	28. 325 ÷ 65 = 5	29. 130 ÷ 65 = 2	30. 273 ÷ 91 = 3
31. 352 ÷ 22 = 16	32. 250 ÷ 10 = 25	33. 341 ÷ 31 = 11	34. 200 ÷ 20 = 10	35. 742 ÷ 14 = 53

1. 520 ÷ 65 = 8	2. 536 ÷ 67 = 8	3. 348 ÷ 58 = 6	4. 686 ÷ 14 = 49	5. 450 ÷ 90 = 5
6. 168 ÷ 12 = 14	7. 558 ÷ 18 = 31	8. 369 ÷ 41 = 9	9. 236 ÷ 59 = 4	10. 529 ÷ 23 = 23
11. 261 ÷ 29 = 9	12. 384 ÷ 32 = 12	13. 456 ÷ 24 = 19	14. 536 ÷ 67 = 8	15. 495 ÷ 45 = 11
16. 549 ÷ 61 = 9	17. 480 ÷ 60 = 8	18. 147 ÷ 49 = 3	19. 700 ÷ 35 = 20	20. 135 ÷ 27 = 5
21. 128 ÷ 32 = 4	22. 360 ÷ 60 = 6	23. 658 ÷ 94 = 7	24. 504 ÷ 42 = 12	25. 558 ÷ 62 = 9
26. 475 ÷ 95 = 5	27. 392 ÷ 98 = 4	28. 792 ÷ 36 = 22	29. 534 ÷ 89 = 6	30. 455 ÷ 65 = 7
31. 456 ÷ 76 = 6	32. 122 ÷ 61 = 2	33. 660 ÷ 66 = 10	34. 564 ÷ 94 = 6	35. 495 ÷ 15 = 33

1. 480 ÷ 30 = 16	2. 403 ÷ 31 = 13	3. 684 ÷ 18 = 38	4. 189 ÷ 63 = 3	5. 741 ÷ 57 = 13
6. 195 ÷ 13 = 15	7. 400 ÷ 50 = 8	8. 870 ÷ 87 = 10	9. 413 ÷ 59 = 7	10. 656 ÷ 82 = 8
11. 896 ÷ 28 = 32	12. 637 ÷ 91 = 7	13. 464 ÷ 58 = 8	14. 246 ÷ 82 = 3	15. 682 ÷ 31 = 22
16. 846 ÷ 94 = 9	17. 540 ÷ 54 = 10	18. 680 ÷ 20 = 34	19. 756 ÷ 63 = 12	20. 351 ÷ 39 = 9
21. 760 ÷ 10 = 76	22. 880 ÷ 88 = 10	23. 126 ÷ 63 = 2	24. 770 ÷ 70 = 11	25. 336 ÷ 56 = 6
26. 276 ÷ 23 = 12	27. 792 ÷ 44 = 18	28. 395 ÷ 79 = 5	29. 594 ÷ 33 = 18	30. 680 ÷ 20 = 34
31. 693 ÷ 63 = 11	32. 432 ÷ 72 = 6	33. 525 ÷ 21 = 25	34. 735 ÷ 49 = 15	35. 855 ÷ 57 = 15

Numbers Unleashed

Part Of The MindMasters Learning Series

By VWGBooks

Thank You!

We Welcome Your Feedback!
Feel free to get in touch with us with any
feedback or questions.

Social Media: Search for
@vwgbooks or #vwgbook

email: hello@vwgbooks.com

VWG BOOKS
Independent Publisher

ISBN: 9798875571183

Copyright © 2024 VWGBooks
All rights reserved.

Numbers Unleashed

Part Of The MindMasters Learning Series
By VWGBooks

VWGBooks is supported by you the customer, without you, we wouldn't be here, so on behalf of VWGBooks, I would just like to say a big THANK YOU for buying this book, we really hope you enjoy it.

We highly appreciate your feedback, which is always important to us.

If you could spare a few minutes to leave an honest review, it will help us to improve our books and service.

VWG BOOKS
Independent Publisher

ISBN: 9798875571183

Copyright © 2024 VWGBooks
All rights reserved.

Numbers Unleashed

Part Of The MindMasters Learning Series
By VWGBooks

Copyright © 2021 VWGBooks
All rights reserved.

No part of this book may be reproduced or used in any manner without the written permission of the copyright owner except for the use of quotations in a review.

For more information, contact:
copy@vwgbooks.com
Visit: vwgbooks.com

VWG BOOKS
Independent Publisher

ISBN: 9798875571183

Copyright © 2024 VWGBooks
All rights reserved.

Printed in Great Britain
by Amazon

40035972R00077